365 TIPPS DER GUTE STIL HERREN

Claudia Piras und
Bernhard Roetzel

monte von DUMONT

Über die Autoren:
Claudia Piras ist als Autorin und freie Journalistin im Bereich Lifestyle tätig.
Neben kulinarischen Inhalten hat sie sich auf die Themen Wohnen und Mode spezialisiert.
Bernhard Roetzel schreibt als freier Modejournalist regelmäßig für etablierte Zeitschriften wie »Men's Health« oder das »Manager Magazin« sowie für zahlreiche Fachzeitschriften.
Er hat bereits mehrere Bücher zum Thema Mode veröffentlicht.

Die Deutsche Bibliothek - CIP-Einheitsaufnahme

Piras, Claudia:
365 Tipps: der gute Stil Herren / Claudia Piras und Bernhard Roetzel. -
Orig.-Ausg. - Köln : DuMont-Monte-Verl., 2002
(Monte von DuMont)
ISBN 3-8320-8716-8

Umschlagabbildungen: Montblanc Deutschland GmbH, Hamburg (www.montblanc.com), d'Avenza fashion S.p.A., Avenza (www.davenza.com), Crockett & Jones Ltd., Northampton (www.crocketandjones.co.uk)

Originalausgabe

Text: Claudia Piras und Bernhard Roetzel
Satz: Königsblau, Nicole Gehlen
Gesamtherstellung: Mladinska, Slowenien

ISBN 3-8320-8716-8
Printed in Slovenia

Inhalt

Die Basics fürs Business: Anzug, Hemd und Krawatte

Für den einen ist der Anzug eine ungeliebte Arbeitskleidung, die er nun mal leider von Montag bis Freitag tragen muss, der andere genießt jede Minute im edlen Businesszwirn. Doch ganz egal, ob man den Dresscode der Geschäftswelt widerwillig oder gern einhält, ein perfektes Äußeres verschafft in jedem Fall innere Ruhe und Sicherheit.

1

Auf dem europäischen Kontinent ist der anthrazitfarbene Einreiher das Standardoutfit für Business und feierliche Anlässe. Im angelsächsischen Raum wählt man den Anzug dagegen in Dunkelblau.

Je häufiger Sie Anzug tragen, desto mehr Modelle benötigen Sie. Das erlaubt Ihnen gleichzeitig, mit ausgefalleneren Stoffen zu experimentieren. Wenn Sie dagegen nur wenige Anzüge besitzen, sollten Sie auf absolut zeitlose Farben und Dessins (Muster) setzen.

2

Nadel- und Kreidestreifen gelten als die Business-dessins schlechthin, denn sie sind die erklärten Lieblingsmuster der Londoner Banker und Börsianer. Die Legende begründet diese Vorliebe damit, dass die Streifen an die Linien eines Kontobuchs erinnern.

3

4

Wenn Sie einen Anzug, ein Sakko oder eine Hose aufbügeln möchten, dann bearbeiten Sie den Stoff nicht direkt mit dem heißen Eisen. Plätten Sie immer durch ein sauberes Baumwoll- oder Leinentuch, sonst bekommt der Stoff einen unschönen Glanz.

5

Gönnen Sie Ihren Anzugjacken, Sakkos und Mänteln vernünftige Kleiderbügel, die an den Schultern eine breite und gerundete Auflagefläche bieten. So behalten die Kleidungsstücke auch bei langer Lagerung ihre Form.

Stil zeigen Sie auch dadurch, dass Sie Ihre Anzüge der Jahreszeit anpassen. Das muss nicht heißen, dass Sie im Winter nur schwere Streichgarnstoffe tragen. Ein leichter Kammgarnflanell passt mit seiner aufgerauten Oberfläche ebenfalls zum Flair der kalten Monate.

6

7

Wenn Sie im Büro immer Anzug tragen, sollten Sie auch in einen klassischen Wollmantel investieren. Am förmlichsten wirkt er in Dunkelgrau oder Dunkelblau, in Beige oder Kamelhaarfarbe ist er auch zur legeren Garderobe kombinierbar.

8

Schwarz ist keine Farbe für Businessanzüge. Höchstens als Untergrund für weiße Nadelstreifen ist dieser Ton im Büro akzeptabel.

9

Der zeitloseste Anzug ist der Einreiher mit drei Knöpfen und Seitenschlitzen, gefolgt vom Doppelreiher. Der Einreiher mit zwei Knöpfen ist dagegen häufiger aus der Mode als im Trend. Dies gilt auch für das Einknopf-Modell.

Ein kräftiges, hervorstehendes Hinterteil wird durch den Mittelschlitz eines Sakkos zu sehr betont. Männer mit ausgeprägtem Heck sollten deshalb Jacken mit Seitenschlitzen oder glattem Abschluss wählen.

10

11

Bei Meetings mit Kunden sollten Sie stets das Sakko anbehalten, denn in Hemdsärmeln wirken Sie nicht besonders souverän. Wenn Ihnen das zu warm ist, weichen Sie auf eine leichtere Stoffqualität aus.

12

Vertrauen Sie Ihre Kleidung ausschließlich guten Reinigungsbetrieben an, denn nur dort wird sie nach der Säuberung fachgerecht gebügelt.

13

Anzüge mit Weste kaufen Sie am besten aus etwas leichterem Stoff, da Sie in diesem Ensemble sonst schnell ins Schwitzen kommen.

14

Hellgraue Anzüge eignen sich nicht für Abendanlässe, denn nach Sonnenuntergang sind dunkle Töne Pflicht. Ob Anthrazit oder lieber Marine gewählt wird, bleibt allerdings jedem selbst überlassen.

15

Wenn Sie sich wie ein eleganter Italiener kleiden möchten, dann ordern Sie auch Ihre Herbst- und Winteranzüge halb- oder ungefüttert. Für den Außenstehenden ist kein Unterschied zum Standardmodell erkennbar, Sie genießen es dagegen, dass Ihnen in Innenräumen nie zu warm wird.

Wer im Büro von Montag bis Freitag Anzug trägt, braucht mindestens zwei davon. Dann kann jeder der beiden nach dem Tragen einen Tag ruhen.

16

19

Der Hemdkragen muss im Nacken mindestens einen Zentimeter aus dem Sakkokragen hervorschauen. Sonst könnte das Hemd im Sitzen unter der sich hochschiebenden Jacke verschwinden.

20

Die meisten Männer kaufen ihre Hemden mit zu weitem Kragen und zu kurzen Ärmeln. Machen Sie es besser. Der Kragen hat die richtige Weite, wenn er glatt anliegt und sich unter der Krawatte nicht wellt. Die Ärmellänge ist korrekt, wenn die Manschette etwa einen Zentimeter weit aus dem Sakkoärmel herausschaut.

21

Weiß ist die klassische Hemdenfarbe fürs Business, allerdings steht sie nicht jedem zu Gesicht. Hellblau ist dagegen für alle Teints geeignet.

22

Die Kragenspitzen des Buttondown müssen nicht unbedingt festgeknöpft werden. Offen gelassen signalisieren sie italienische Lässigkeit.

23

Verzichten Sie im Büro unbedingt auf Kurzarmhemden, sie sind allein der Freizeit vorbehalten. Es sei denn, im Office geht es sehr leger zu. Dann lassen Sie aber bitte auch die Krawatte weg.

24

Krempeln Sie Hemdsärmel herunter, bevor Sie das Sakko anziehen, sonst sieht es aus, als trügen Sie ein Kurzarmhemd.

25

Wenn Sie im Fernsehen auftreten, wählen Sie am besten ein hellblaues Hemd. Diese Farbe sieht auf dem Bildschirm am vorteilhaftesten aus.

26

Kenner blicken beim Hemd zuerst auf die Seitennaht. Je schmaler sie ausfällt, desto hochwertiger die Verarbeitung. Dieses Detail können Sie aber nur beurteilen, wenn Sie das Hemd aus der Verpackung nehmen.

27

Beim Maßhemd sind die Manschetten unterschiedlich weit bemessen, da die Uhr am rechten oder linken Handgelenk, je nachdem wo man sie trägt, etwas mehr Umfang erfordert.

28

Sie können die Lebensdauer Ihres Hemds verdoppeln, wenn Sie den abgewetzten Kragen oder die durchgescheuerten Manschetten ersetzen lassen. Entweder wird dazu Originalmaterial aus dem Rumpf entnommen oder neuer weißer Stoff verwendet.

29

Hemden sollten nach dem Waschen nicht in den Trockner gesteckt werden, da sie in der heißen Luft leicht einlaufen können.

30

Lassen Sie unter dem offenen Kragen eines Businesshemds bitte nicht den Rand eines T-Shirts hervorschauen. Niemand möchte Ihre Unterwäsche sehen.

31

Hemden lassen sich am besten bügeln, wenn der Stoff noch leicht feucht ist.

32

Das Monogramm wird am stilvollsten links unten in Bauchnabelhöhe platziert. Auf der Manschette oder der Brusttasche fällt es dagegen zu sehr auf.

33

Handgestickte Monogramme erkennt man daran, dass sie in Blockbuchstaben gearbeitet sind. Schreibschrift wird meistens maschinell gestichelt.

34

Der Maßanzug muss nicht nur dem Körper angepasst werden, sondern vor allem auch der Persönlichkeit. Deswegen müssen gute Schneider auch gute Menschenkenner sein.

In England gilt es als Zeichen von Understatement und guter Erziehung, die Ärmelknöpfe korrekt zuzuknöpfen. In Italien dürfen Sie dagegen den untersten Knopf offen lassen, um damit dezent auf die Qualität Ihres Anzugs hinzuweisen.

35

36

Maßkonfektion ist ein Standardmenü, bei dem der Hauptgang ausgetauscht wird. Bei Maßkleidung vom Schneider können Sie dagegen Vorspeise, Hauptgericht und Dessert ganz nach Ihrem Geschmack wählen.

Lassen Sie sich Maßkonfektion nicht als Schneiderarbeit verkaufen. Der echte Handwerker entwirft für Sie ein individuelles Schnittmuster, bei der Maßkonfektion wird lediglich ein Standardschnitt an ihre Maße angepasst.

37

Wenn Sie sich zu Maßkleidung vom Schneider entschließen, sollten Sie persönlichen Empfehlungen folgen. Auf gut Glück zu bestellen wäre dagegen leichtsinnig, da nicht jeder Handwerker Spitzenqualität bietet.

38

39

Die besten Hemdenknöpfe werden aus Perlmutt gefertigt, da dieses Material nicht nur schöner ist als Plastik, sondern auch härter und widerstandsfähiger.

Der Stoff eines Sommerhemds sollte leicht sein, vor allem aber offen gewebt. Das sorgt für frische Luft und macht so den hässlichen Kurzarmschnitt überflüssig.

40

41

Verzichten Sie bei hohen Temperaturen auf Doppelmanschetten, denn sie sind am Handgelenk unnötig warm. Knopfmanschetten dürfen Sie unter dem Sakko übrigens ruhig aufgeknöpft lassen, das meinen jedenfalls die lässigen Italiener.

42

Ein steifer Hemdkragen bringt Sie im Sommer durch seine schwere Einlage ins Schwitzen, das Buttondown-Hemd trägt sich dagegen angenehmer, da der Kragen nicht verstärkt ist.

43

Bevor Sie Ihr neues Hemd zum ersten Mal tragen, sollten Sie es unbedingt mindestens einmal waschen. Das spült noch vorhandene Chemikalienreste heraus und macht den Stoff geschmeidig.

44

Bei guten Hemden fallen die Knöpfe nicht schon nach ein paar Wochen ab, da sie von Hand angenäht wurden. Alternativ kann der Maschinenfaden von Hand verstochen und verknotet worden sein.

45

Der einfachste Krawatten-Qualitätstest besteht darin, den Binder am dünnen Ende festzuhalten und ihn glatt herabhängen zu lassen. Wenn er sich dabei verdreht, wurde die Seide nicht korrekt im 45-Grad-Winkel zugeschnitten.

46

Legen Sie niemals den Binder nach hinten über die Schulter, um ihm ein Bad in der Suppe zu ersparen. Genauso wenig sollten Sie ihn ins Hemd stecken. Passen Sie beim Essen einfach ein bisschen auf.

Binder aus Naturfasern wie Seide, Kaschmir oder Wolle dürfen nicht gewaschen werden. Krawatten aus Synthetik schon, die sollten Sie aber eigentlich gar nicht besitzen.

48

Der elegante Mann trägt entweder den einfachen Four-in-Hand-Knoten oder den Albert, einen mehrfach gebundenen Four-in-Hand. Den Windsor-Knoten (der halbe und der ganze) meidet er dagegen konsequent, da seine dreieckige Form sich nicht gut in den Kragen einfügt.

Eine Schleife (manchmal auch Fliege genannt) zustande zu bringen, ist gar nicht so schwer. Binden Sie sie zunächst probehalber wie einen gewöhnlichen Schnürsenkel – und zwar um Ihren Oberschenkel. Nach ein paar Wiederholungen ist Ihnen der Ablauf in Fleisch und Blut übergegangen und Sie schaffen es auch am Hals.

49

50

Rücken Sie zerknitterten Krawatten nie mit dem Bügeleisen zu Leibe. Rollen Sie die Binder einfach auf, so verschwinden die Falten von ganz allein.

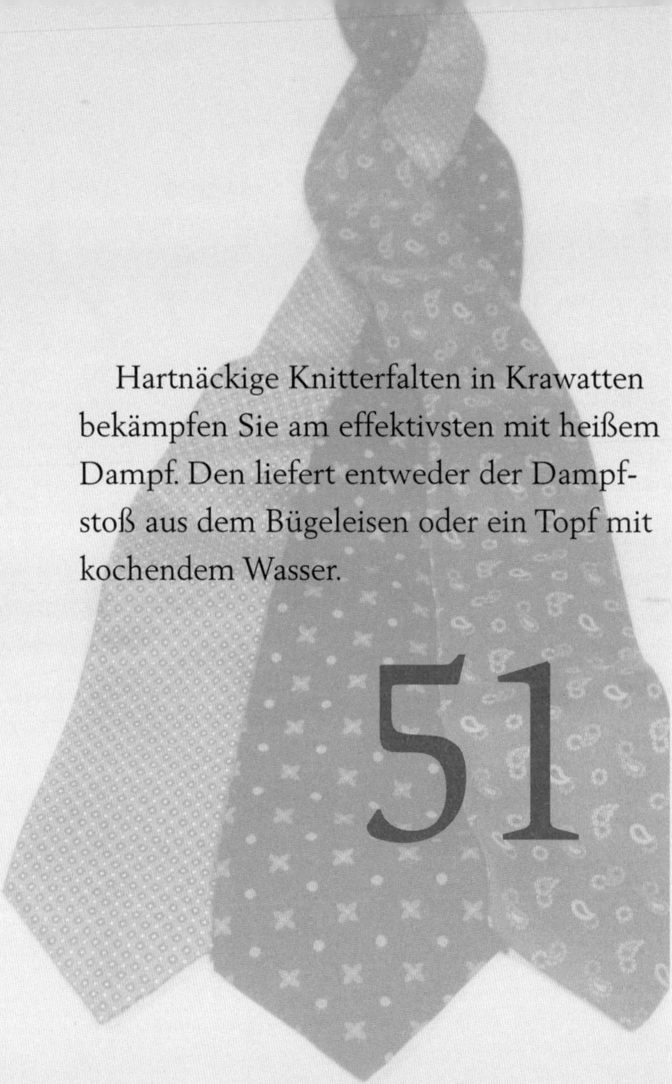

Hartnäckige Knitterfalten in Krawatten bekämpfen Sie am effektivsten mit heißem Dampf. Den liefert entweder der Dampfstoß aus dem Bügeleisen oder ein Topf mit kochendem Wasser.

51

52

Im Sommer sind Krawatten aus Baumwollstrick eine luftige Alternative zum Seidenbinder.

53

Tragen Sie unter keinen Umständen eine vorgebundene Krawatte. Sie können keinen Knoten? Dann sollten Sie schleunigst einen lernen. Wenn Sie darauf keine Lust haben, verzichten Sie besser ganz auf den Binder.

Bewahren Sie Ihre Krawatte niemals in geknotetem Zustand auf. Am Ende eines langen Tages zuerst vorsichtig den Knoten lockern, dann den Binder über den Kopf ziehen und als letztes den Knoten vollständig öffnen.

54

Mode-Insider besitzen mindestens genauso viele Kaschmirbinder wie Seidenkrawatten, denn in Herbst und Winter sind sie eine stilvolle Wahl. Nicht nur zum Sportsakko, sondern auch zum dunklen Businesszwirn.

55

56

Wenn Sie einem Schlipsfan etwas Besonderes schenken wollen, dann kaufen Sie ihm eine Sevenfold-Krawatte. Sie besteht vollständig aus siebenfach gefaltetem und gelegtem Stoff, der durch sein Volumen ein Futter überflüssig macht.

Ob sich der Binder zwischen Mai und August wie das mörderische »indische Tuch« anfühlt, hängt nicht nur von der Seide ab. Auch die Einlage aus Baumwolle führt schnell zum Hitzestau.

57

58

Sommertauglich sind locker gewebte Krawatten mit möglichst wenig Innenleben. Ebenfalls empfehlenswert: Leichte Strickbinder aus Seide oder Baumwolle. Je offenmaschiger sie gewirkt sind, desto mehr Luft lassen sie durch.

59

Ihre Krawattenspitzen fühlen sich von gefüllten Suppentellern magisch angezogen? Tragen Sie Schleifen. Die können Sie beim besten Willen nicht eintunken.

60

Vorsicht mit braunen Krawatten. In London gelten sie als absolut unpassend zum Businesszwirn.

Auf Beerdigungen ist die schwarze oder dunkelgraue Krawatte Pflicht. Wenn Sie sich dabei für einen Seidenbinder entscheiden, sollte es sich nicht um eine stark glänzende Ware handeln. Besonders stilvoll trauert es sich mit schwarzem Seidenstrick.

61

62

Wollkrawatten sind grundsätzlich zu sportlich für den dunklen Businessanzug. Im Büro muss es Seide sein.

Qualität aus Leder: Schuhe

Das Schuhwerk ist im wahren Wortsinn die Basis des Auftritts – wenn es nicht zum Outfit passt oder dem Anlass nicht gerecht wird, war die Mühe mit Anzug, Hemd und Krawatte beinahe umsonst. Doch nicht nur im Business oder am Abend muss das Schuhwerk mit Bedacht gewählt werden, auch in der Freizeit. Schließlich macht sie einen immer größeren Teil unseres Lebens aus.

63

Der Schuh muss vor allem im hinteren Drittel, also an Spann und Ferse, perfekt sitzen. Ist er dort zu weit, rutscht der Fuß zu tief in die Schuhspitze hinein.

Der förmlichste Schuhklassiker ist der schwarze Oxford, der Brogue gilt mit seiner Lochverzierung dagegen als etwas sportlicher.

64

»No brown after six« – diese Regel galt in England einst nicht nur für die Fußbekleidung, sondern für das gesamte Outfit. Denn zum Dinner wechselte der Gentleman in den schwarzen Abendanzug, braune Schuhe waren dazu natürlich tabu.

66

Tragen Sie ein Paar Schuhe nie zwei Tage hintereinander, sondern lassen Sie die Treter nach jedem Einsatz 24 Stunden ruhen.

67

Wer seine Füße im Sommer nicht im eigenen Saft garen will, lässt die schweren Pferdelederschuhe mit doppelter Sohle besser im Schrank. Geeignet sind leichte, leinengefütterte Oxfords oder Monks (Schnallenschuhe).

Loafer (oder Schlüpfschuhe) lassen in der warmen Jahreszeit mehr Luft an die Füße als Schnürer oder Monks. Diese Modelle können zudem die Durchblutung in den Füßen und Beinen behindern.

68

69

Egal ob Mode oder sommerliche Temperaturen etwas anderes nahe legen: Die Sandale ist seit dem Untergang des Römischen Reichs völlig »out«.

70

In der englischen Finanzbranche gelten Loafer als zu leger fürs Business, schwarze Schnürer sind da die bessere Wahl. Am besten ein klassischer Oxford oder Halb-Brogue mit sparsamer Loch-Verzierung.

71

Tragen Sie niemals rote Schuhe, es sei denn, Sie sind der Papst.

Loafer sollten am Anfang über dem Spann ein wenig zu stramm sitzen, denn nur dann werden sie auch nach der Einlaufphase noch gut passen. Sitzen sie von Beginn an locker, werden sie später zu weit sein.

72

Tragen Sie niemals Jesuslatschen, es sei denn Sie sind der Messias. Wenn Ihre Füße unbedingt Frischluft brauchen, sollten Sie lieber gleich ganz ohne Schuhe gehen.

73

74

Joggingschuhe sind keine adäquaten Begleiter des Anzugs, tragen Sie die Sportschuhe also nur zum Laufen oder in der Freizeit. Einzig akzeptabel wäre die hochwertige Laufschuhvariante, der so genannte Edelsneaker.

75

Brogues und Schuhe mit Ziernähten sind weniger für förmliche Anlässe geeignet als schlichte Oxfords oder Derbys.

76

Wenn Sie Schnallenschuhe tragen, dann sollten die Metallteile farblich auf die Schließe des Gürtels abgestimmt sein. Messing passt zu Messing oder Gold, Silber passt zu Silber.

77

Bei Maßschuhen sollten Sie niemals Kompromisse machen. Genauso wenig wie der Duke of Windsor, der sich über den Pariser Maßschuster Berluti ärgerte, weil er drei Löcher in die Lasche eines Schnallenschuhs gestanzt hatte. Der Handwerker akzeptierte die Reklamation, denn der königliche Kunde sagte ganz zu Recht: »Bei einem Schnallenschuh nach Maß darf die Lasche nur ein Loch haben. Und zwar genau da, wo es hingehört.«

Gut geputzte Schuhe mittlerer Preislage machen einen besseren Eindruck als völlig vernachlässigte Luxustreter. Pflege ist jedoch nicht nur eine Sache der äußeren Erscheinung, sie verlängert auch definitiv das Leben der Schuhe.

78

79

Rechtzeitiges Reparieren verlängert das Leben eines jeden Schuhs. Also das Absatzgummi erneuern lassen, bevor das Leder beschädigt wird, und an eine neue Laufsohle denken, bevor die Innensohle gelitten hat.

Auf die Ledersohle eines rahmengenähten Modells sollten Sie niemals eine Gummisohle aufkleben lassen, weil das den ganzen Schuh aus der Balance bringt.

80

Für Regentage eignen sich Schuhe mit Kunststoffsohlen am besten (gibt es auch mit Rahmennaht). Wenn Ihnen die zum Businessoutfit nicht fein genug sind, schützen Sie Ihre Ledersohlen bei feuchter Witterung durch Gummigaloschen.

81

82

Zum Businessoutfit gehören dunkle Kniestrümpfe, zum Smart Casual dürfen Sie auch hellere Farben wählen. In der Freizeit können Sie die Schuhe dagegen auch barfuß tragen – wenn die Witterung es zulässt.

83

Schuhe aus hellem Leder können Sie durch dunkle Wachspaste patinieren. Aber Vorsicht: Zu starke Verfärbungen lassen sich nicht vollständig rückgängig machen. Deshalb sollten Sie sich ganz langsam von hell nach dunkel vorarbeiten.

84

Hitzefrei für Kniestrümpfe? Leider nein. Auch im Sommer ist das behaarte Schienbein über der Kurzsocke kein schöner Anblick. Tragen Sie hauchdünne Sommerstrümpfe, bevorzugt solche aus feinster Wolle. Die können Feuchtigkeit am besten absorbieren.

85

Schuhe mit Kunststoffsohlen sollten grundsätzlich der Freizeit vorbehalten sein, im Business ist Leder die elegantere Wahl.

86

Neue Schuhe mit Ledersohle sollten Sie ein paar Mal bei trockenem Wetter getragen haben, bevor Sie sich damit hinaus in den Regen wagen. Das macht das Leder undurchlässiger für Feuchtigkeit.

87

Ziehen Sie Ihre Schuhe stets mit Hilfe eines Schuhlöffels an. Das schont die Fersenkappen. Außerdem verrutschen die Socken oder werfen sich in Falten, wenn Sie mit Gewalt in den Schuh steigen.

88

Nach dem Tragen gehören Schuhe immer auf die passenden Holzspanner. So bleibt Ihre Fußgarderobe über Jahre oder sogar Jahrzehnte hinweg in Form. Übrigens tun es für den Anfang auch die billigen Modelle aus dem Kaufhaus, teure Schraubspanner sind etwas für Fortgeschrittene.

89

Wenn die Ledersohlen feucht geworden sind, legen Sie die Schuhe (mit den Spannern darin) auf die Seite. Nur so kann das Wasser aus den Sohlen ausdampfen.

90

Stellen Sie nass gewordene Schuhe nie zum Trocknen auf die Heizung oder in die unmittelbare Nähe einer Wärmequelle, sonst wird das Leder spröde und rissig.

91

Wenn Sie Ihre Schuhe putzen wollen, tragen Sie die Wachspaste am besten abends auf und lassen Sie sie über Nacht einziehen. Dann geht das Polieren am nächsten Morgen besonders schnell.

92

Wachspaste lässt sich wesentlich besser auftragen, wenn Sie vorher leicht erwärmt wird. Im Sommer stellen Sie die Dose kurz in die Sonne, im Winter auf die Heizung.

93

Vergessen Sie beim Schuheputzen nicht die Sohlenränder sowie die Außen- und Innenseite des Absatzes. Etwas Wachspaste an diesen Stellen verhindert das Eindringen von Feuchtigkeit.

94

Überdehnen Sie den Schuh nicht durch einen zu stramm eingestellten Schuhspanner. Grundsätzlich brauchen Schnürer weniger Druck als Loafer.

95

Wenn Sie beim Schuheputzen Labor- oder Haushaltshandschuhe tragen, vermeiden Sie hartnäckige Verschmutzungen an Ihren Händen. Ihre Kleidung schützen Sie am besten mit Schürze oder Kittel.

96

Sie polieren Ihre Schuhe am effektivsten mit einer großen Pferdehaarbürste. Hochglanz erzeugen Sie danach mit einem Polierhandschuh aus Plüsch. Ansonsten tun es aber auch die weichen Tücher, die bei manchen Schuhmarken mit im Karton liegen.

Beim Polieren mit der Bürste verteilen Sie unweigerlich winzige Schuhcremepartikel in alle Richtungen. Tragen Sie deshalb eine Schürze oder einen Kittel. Oder wienern Sie das Leder mit einem zusammengeknüllten Damenstrumpf.

97

98

Wenn Sie ein Schuhputzmuffel sind, sollten Sie Raulederschuhe tragen. Da reicht als Pflege regelmäßiges Abbürsten und das gelegentliche Nachdunkeln der ledernen Sohlenränder mit Wachspaste.

Wenn kein Schuhlöffel zur Hand ist, sollten Sie die Ferse über ein Taschentuch in den Schuh gleiten lassen. Zumindest sollten Sie aber den Schuh ganz aufschnüren, bevor Sie ihn anziehen.

99

100

Tragen Sie Cowboystiefel nie zum Anzug oder zur Kombination aus Sportsakko und Hose, sondern immer nur zu Jeans. Vermeiden Sie zudem unauthentische Boots mit zu flachem oder zu stark angeschrägtem Absatz oder zu niedrigem Schaft.

101

Schuhe mit hohen Absätzen, beispielsweise Stiefeletten, sind mit größter Vorsicht zu genießen, insbesondere zu förmlicher Kleidung.

102

Tragen Sie nie halbhohe Winterstiefel mit Lammfellfutter zu einem Businessoutfit. Wenn Sie in leichten Schnürern frieren, sollten Sie Ihre warmen Botten nur für dem Arbeitsweg anziehen und im Büro in förmliche Schuhe schlüpfen.

103

Schnüren Sie die Schuhe auf Langstreckenflügen nicht zu fest, um die Durchblutung Ihrer Beine nicht zu beeinträchtigen.

Lässig, nicht nachlässig: Smart Casual

Den Pullover locker um die Schultern gelegt, elegante Sneakers oder Loafer an den Füßen, die Sonnenbrille im Haar – wir alle kennen den schicken Freizeitlook der Italiener aus dem Urlaub im Süden. Um ein Meister der stilvollen Lässigkeit zu werden, muss man nicht jenseits der Alpen geboren sein, es reicht völlig, die Grundlagen des Smart Casual zu beherrschen.

104

Ein Freizeitoutfit wird zum Smart Casual, wenn Sie edle Einzelteile integrieren: Den Ledergürtel mit Silberschließe zur verwaschenen Jeans, einen Kaschmirpulli über dem Polohemd, Espadrilles zum weißen Sommeranzug.

105

Shorts sind in der Freizeit okay, wenn der Anlass keine förmlichere Kleidung verlangt. Vorausgesetzt, Ihre Beine sind präsentabel. Die Kniestrümpfe sollten Sie dann aber ausnahmsweise weglassen, tragen Sie die Schuhe am besten barfuß.

Wenn Sie sich komplett in Denim (also Jeansstoff) einkleiden, dann wählen Sie Hemd, Hose und Jacke entweder in exakt dem gleichen Ton oder aber Sie sorgen bewusst für kontrastierende Farben. Zufallszusammenstellungen sehen selten gut aus.

106

107

Der Pulli mit Rund- oder V-Ausschnitt kann Sie das ganze Jahr hindurch begleiten. Im Sommer legen sie ihn um die Schultern oder schlingen ihn um die Hüften, in der kalten Jahreszeit um den Hals (als Schalersatz). Oder Sie ziehen ihn einfach an.

108

Teile aus der Businessgarderobe haben im Freizeitlook nichts verloren. Lassen Sie deshalb alles weg, was zur Bürokluft gehört: Schwarze Schnürer, graue Sakkos oder Mäntel.

Die Freizeitmode ist perfekt, um neue Trends auszuprobieren. Statt Chino (also der hellen Baumwollhose) ruhig mal eine Cargopant (eine weite Hose mit Taschen in Oberschenkelhöhe), statt Pullover ein Kapuzenshirt und als Ersatz für die Steppjacke eine Daunenweste.

109

110

Die passenden Kopfbedeckungen zum Smart Casual sind im Sommer eine Baseballkappe und im Winter eine Strickmütze. Falls Sie überhaupt Ihr Haupt bedecken wollen, denn oben ohne ist am schönsten.

111

Bügeln Sie nie eine Bügelfalte in Ihre Jeans. Das widerspricht dem legeren Charakter des Denim-Beinkleids.

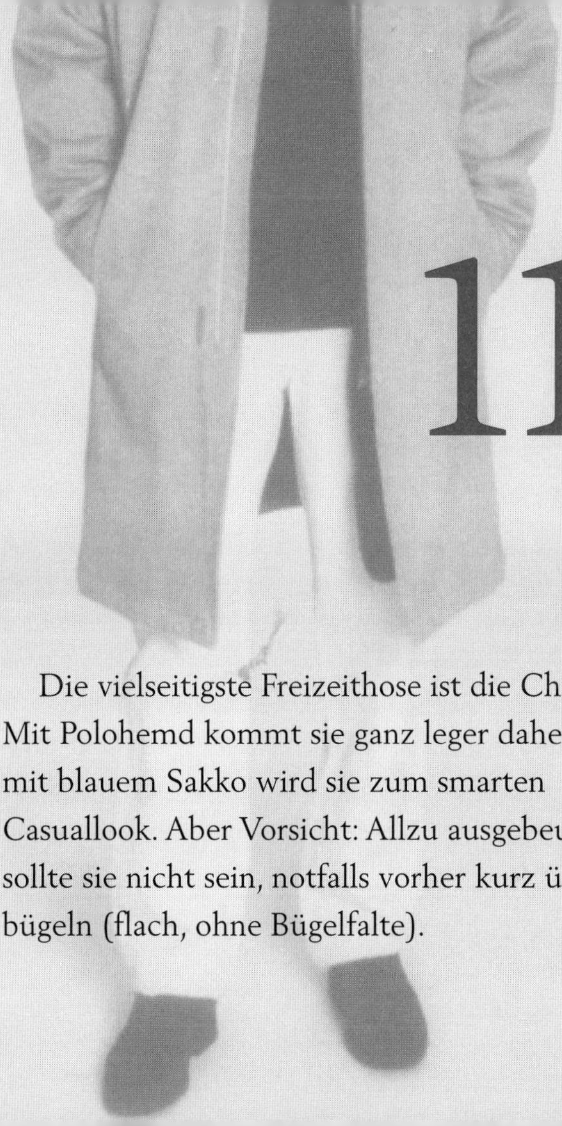

112

Die vielseitigste Freizeithose ist die Chino. Mit Polohemd kommt sie ganz leger daher, mit blauem Sakko wird sie zum smarten Casuallook. Aber Vorsicht: Allzu ausgebeult sollte sie nicht sein, notfalls vorher kurz überbügeln (flach, ohne Bügelfalte).

Wenn Sie in der Freizeit leger und gepflegt zugleich auftreten möchten, ist ein gebügeltes Polohemd die beste Wahl. Im Winter macht sich auch die langärmelige Version sehr gut.

113

114

Tragen Sie niemals schwarze oder graue Baumwollhosen. Grund: Die Chino war ursprünglich Teil der US-Uniform im Pazifik. Deshalb kommt sie in militärischen Farben daher, also in Weiß, Beige, Khaki oder Oliv.

115

Der dunkelblaue Blazer mit Goldknöpfen wird in Kontinentaleuropa gern als Businessoutfit getragen. In seiner englischen Heimat zählt er dagegen zu den Smart-Casual-Outfits.

116

Wenn Sie in Ihrer Freizeit am liebsten Polohemden tragen, sollten Sie es in der kalten Jahreszeit mal mit einem langärmeligen Modell versuchen. Die kurze Sommerversion wirkt zwischen Oktober und Mai deplatziert.

Die Investition in hochwertige Daunenjacken, Steppwesten oder Parkas lohnt sich, da sie in der Freizeit und zum Businessoutfit getragen werden können. Allerdings nur, wenn Sie modemutig sind. Konservative Kollegen werden nämlich die Nase rümpfen, wenn Sie Ihren edlen Woolrich-Parka über den Nadelstreifen ziehen.

117

118

Wenn Sie am Wochenende keine Lust auf Krawatte haben, der Anzug jedoch ein wenig Förmlichkeit verlangt, dann tragen dazu einen Rollkragenpullover oder ein Polohemd aus feiner Merinowolle.

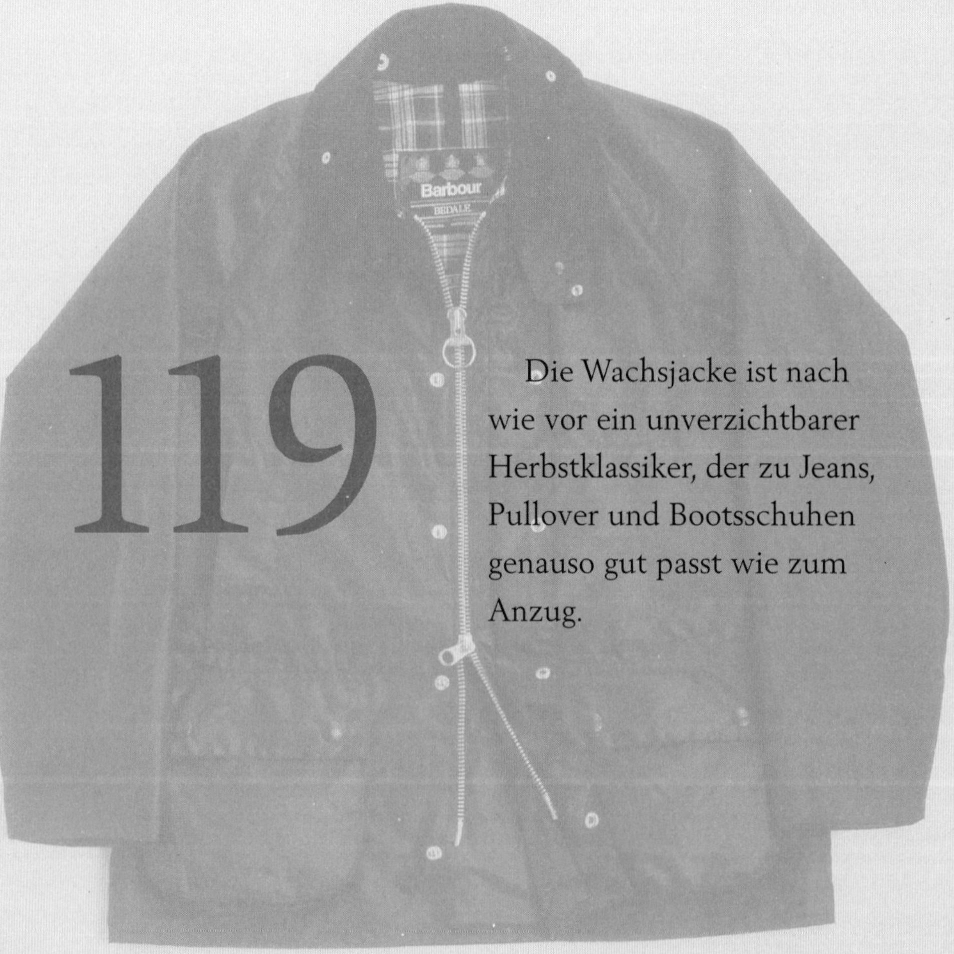

119

Die Wachsjacke ist nach wie vor ein unverzichtbarer Herbstklassiker, der zu Jeans, Pullover und Bootsschuhen genauso gut passt wie zum Anzug.

120

Ein dunkelblaues Sakko, mit oder ohne Goldknöpfe, ist ideal für alle Freizeitanlässe. Mit Jeans wirkt der blaue Klassiker leger, mit grauer Wollhose dagegen förmlich genug für ein feines Restaurant.

Wenn Ihnen in Wollpullovern schnell warm wird, können Sie in der Freizeit stattdessen auch ein Sweatshirt oder ein Polohemd mit leichter Steppweste tragen. Oder Sie holen Sich eine der mal wieder aktuellen Reißverschluss-Strickjacken.

121

Pullunder sind sehr praktisch, um sie unter einem Sakko zu tragen. Ansonsten haben Pullover mit Ärmeln aber den Vorteil, dass man sie auch locker um die Schultern legen oder um die Hüften schlingen kann.

123

Wenn Sie sich bei einer Wochenendeinladung nicht ganz über den Dresscode im Klaren sind, sollten Sie einen Kordanzug einpacken. Geht es leger zu, ersetzen Sie die Hose durch Chino oder Jeans, ist Förmlichkeit gefragt, werten Sie ihn durch eine Krawatte auf.

124

Wenn Sie weiße Jeans tragen, sollten Sie mit Hemd, Pullover oder Jacke farbliche Akzente setzen. Ganz in Weiß ist kein guter Freizeitlook.

125

Schwarze Jeans waren in den Achtziger Jahren sehr beliebt. Heute ist wieder klassisches Blau gefragt, weil es durch das Waschen immer schöner wird. Schwarzer Denim verwäscht sich dagegen zu einem unansehnlichen Grau.

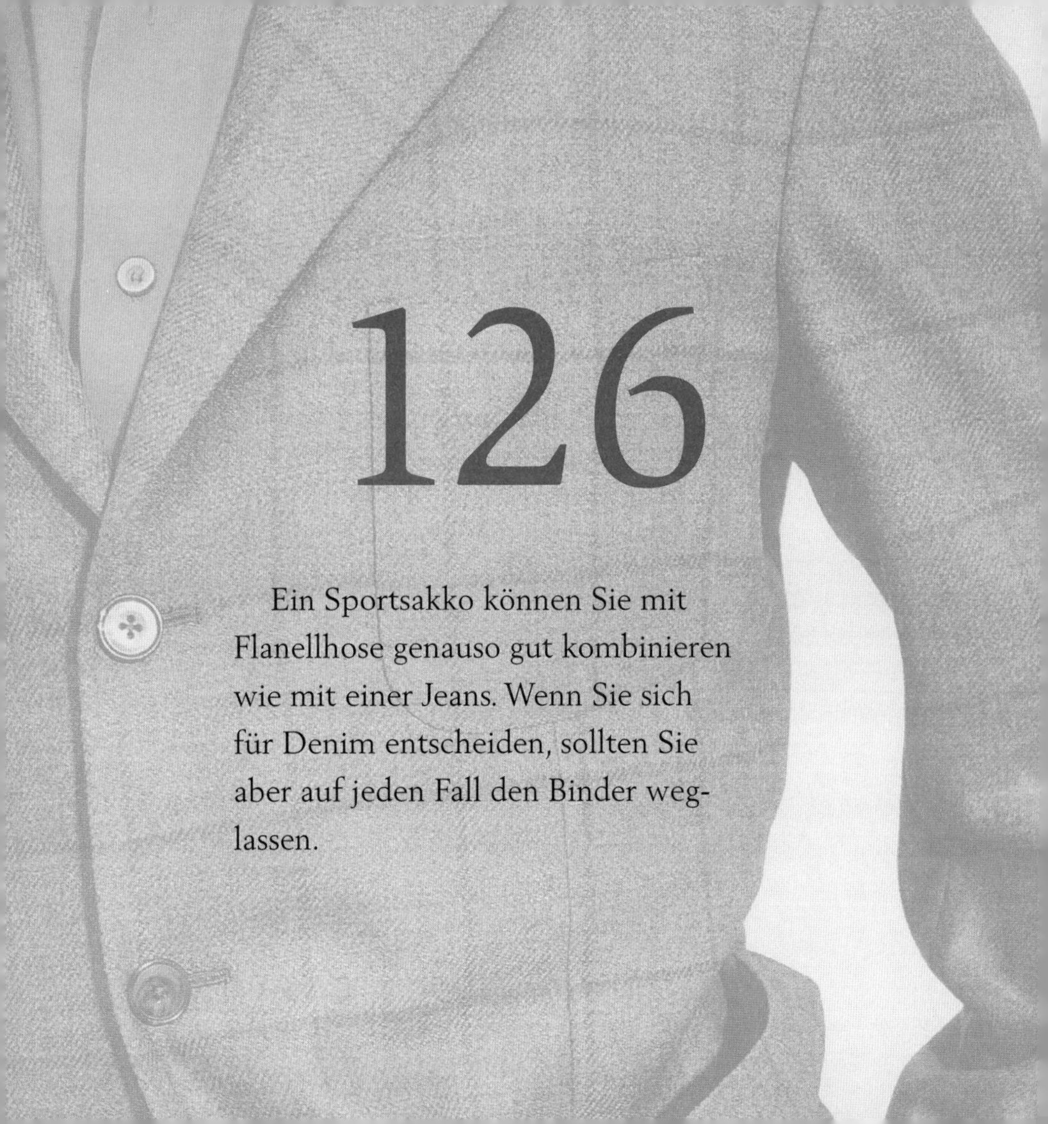

126

Ein Sportsakko können Sie mit Flanellhose genauso gut kombinieren wie mit einer Jeans. Wenn Sie sich für Denim entscheiden, sollten Sie aber auf jeden Fall den Binder weglassen.

127

Lederjacken sind perfekt für die Freizeit. Am lockersten wirken Brauntöne und leuchtende Farben, Schwarz macht dagegen einen sehr strengen Eindruck.

128

Tragen Sie zu einem Lederblouson auf keinen Fall Krawatte, sie wird ausschließlich mit Anzug oder Sakko kombiniert. Binder zur Lederjacke tragen nur die Assistenten von Krimikommissaren in Fernsehserien aus den Siebzigern.

129

Auch wenn die Teile noch so bequem sind: Lassen Sie sich außerhalb Ihrer vier Wände niemals in Jogginghosen blicken – es sei denn, Sie joggen.

130

Lassen Sie sich zu Hause niemals in Jogginghosen blicken, es sei denn Sie sind allein. Ihrem Schatz sollten Sie diesen Anblick nämlich ersparen.

131

Wenn Sie Baumwollhosen chemisch reinigen lassen statt sie in die Waschmaschine zu stecken, behalten sie besser ihre Form und wirken zum Sakko korrekter.

Zum Tweedsakko ist eine braune oder beige Kordhose niemals verkehrt. Leider wirken diese Farben oft sehr langweilig. Versuchen Sie es deshalb mal mit Pink, Grasgrün, Weinrot, Himmelblau oder Rostrot.

132

Der grosse Auftritt: Smoking & Co.

Stil zeigen, wenn es wirklich darauf ankommt, darum geht es bei den großen Auftritten in Smoking, Frack oder Cut. Genau das treibt aber vielen den Angstschweiß auf die Stirn, sobald wirklich festliche Anlässe auf dem Programm stehen. Und das, obwohl man sich doch eigentlich auf sie freuen sollte. Wer die wichtigsten Grundregeln für den großen Autritt kennt, wird das auch können.

133

Bei feierlichen Tagesanlässen ist der Cutaway, kurz Cut genannt, der passende Anzug. Wegen seiner langen Schöße wird er auch als der Frack des Tages bezeichnet. Modehistorisch ist der Begriff allerdings nicht ganz korrekt, da sich der Cut aus dem Gehrock entwickelt hat.

134

Der Cut besteht aus einem schwarzen Rock, einer hellen, meist grauen oder beigefarbenen Weste und einer grau-schwarz gestreiften Hose.

Der einzig passende Hut zum Cut ist der Zylinder.

135

136

Wenn bei der Cut-Kombination der Schoßrock gegen ein schwarzes Jackett ausgetauscht wird, entsteht der Stresemann-Anzug, so genannt nach dem deutschen Politiker Gustav Stresemann. Erfunden hat er den Look jedoch nicht, denn er kam zu Beginn des 20. Jahrhunderts zeitgleich überall in Europa auf. Allerdings ist dieses Outfit kein vollwertiger Ersatz für den Cut.

137

Unter freiem Himmel oder auf See dürfen Sie statt zur schwarzen Smokingjacke zum hellen Dinnerjacket greifen.

138

Wenn Sie Frack oder Cut tragen, dann lassen Sie die Rockschöße beim Hinsetzen rechts und links an den Seiten des Stuhls herabfallen. So vermeiden Sie unschöne Knitterfalten.

139

Der Cummerbund, also die gefältelte Bauchbinde aus Seide, kann zum Smoking getragen werden, niemals jedoch zu Cut oder Frack.

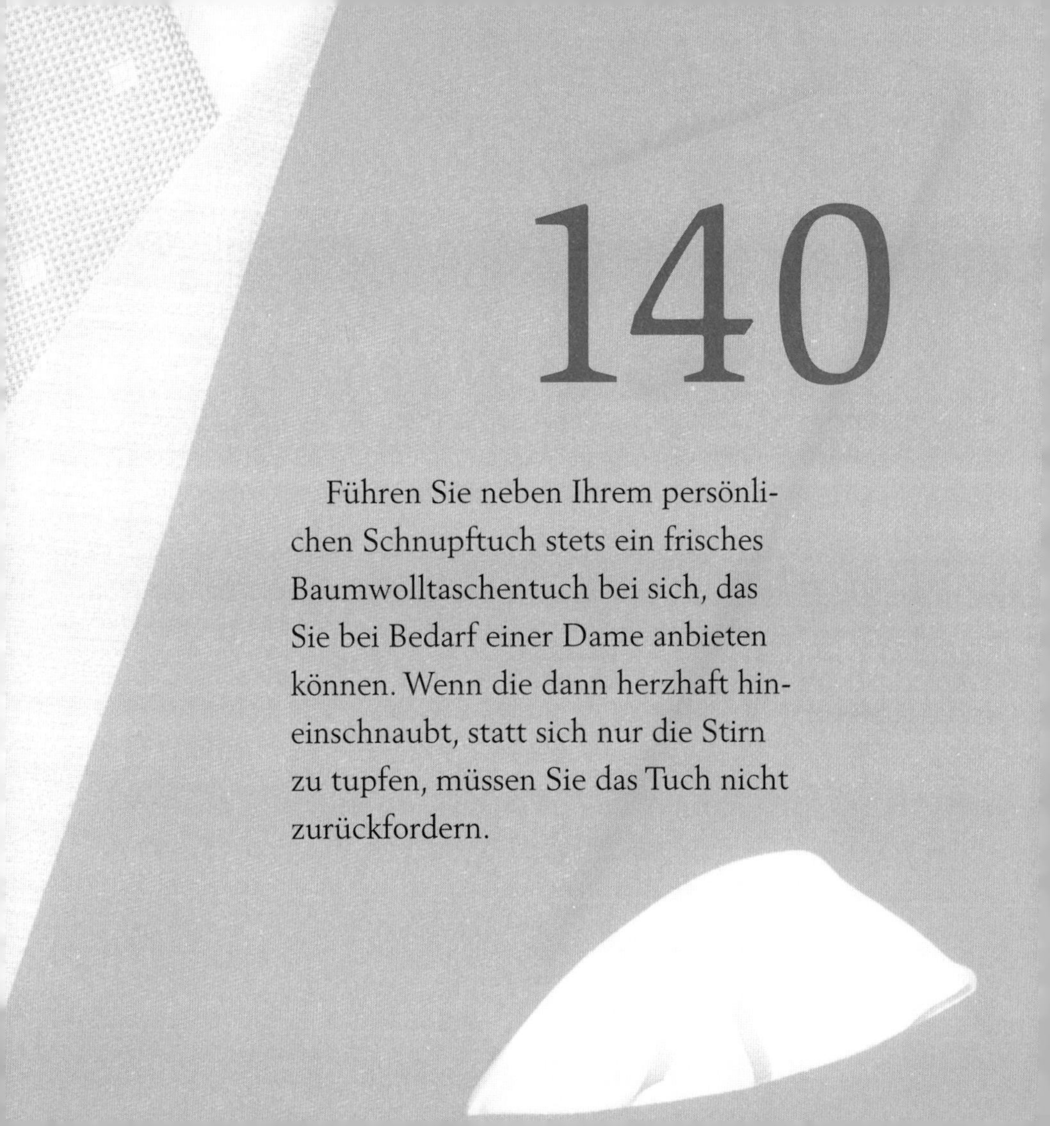

140

Führen Sie neben Ihrem persönlichen Schnupftuch stets ein frisches Baumwolltaschentuch bei sich, das Sie bei Bedarf einer Dame anbieten können. Wenn die dann herzhaft hineinschnaubt, statt sich nur die Stirn zu tupfen, müssen Sie das Tuch nicht zurückfordern.

141

Zum Smoking passt eine flache, zierliche Armbanduhr mit schwarzem Lederarmband besser als ein sportlicher Chronograph. Wenn Sie Frack tragen, muss es eine Taschenuhr sein.

Zu Frack und Smoking gehört ein schwarzer Abendmantel, dazu kann ein weißer Seidenschal getragen werden. Der muss aber zusammen mit dem Mantel abgelegt werden – es sei denn, Sie treten als Operettensänger auf.

142

143

Zum Frack wird stets die weiße Schleife umgebunden, um eine Verwechslung der Gäste mit dem Servicepersonal auszuschließen (der Kellner trägt zum Frack nämlich die schwarze Fliege).

144

Zum Smoking gehört die schwarze Schleife. Wenn Sie Farbe bekennen möchten, dann besser durch ein auffälliges Einstecktuch aus Seide.

145

Grundsätzlich werden zu Smoking und Frack schwarze Lackschuhe getragen, Traditionalisten bevorzugen dabei den Escarpin, einen flachen Pumps mit Seidenschleife.

146

Kenner tragen zu Smoking oder Frack einen Escarpin aus seidig-schimmerndem Kalbsleder, da sie den Glanz von Lackleder als etwas vulgär empfinden.

147

Manche Schuhexperten raten beim Abendschuh (aus Kalbs-, nicht Lackleder) zur Politur mit Champagner. Dies wäre zwar Verschwendung, tatsächlich kann die Kohlensäure des Schaumweins aber den Glanz des Leders erhöhen. Der Trick funktioniert allerdings auch mit Billigsekt.

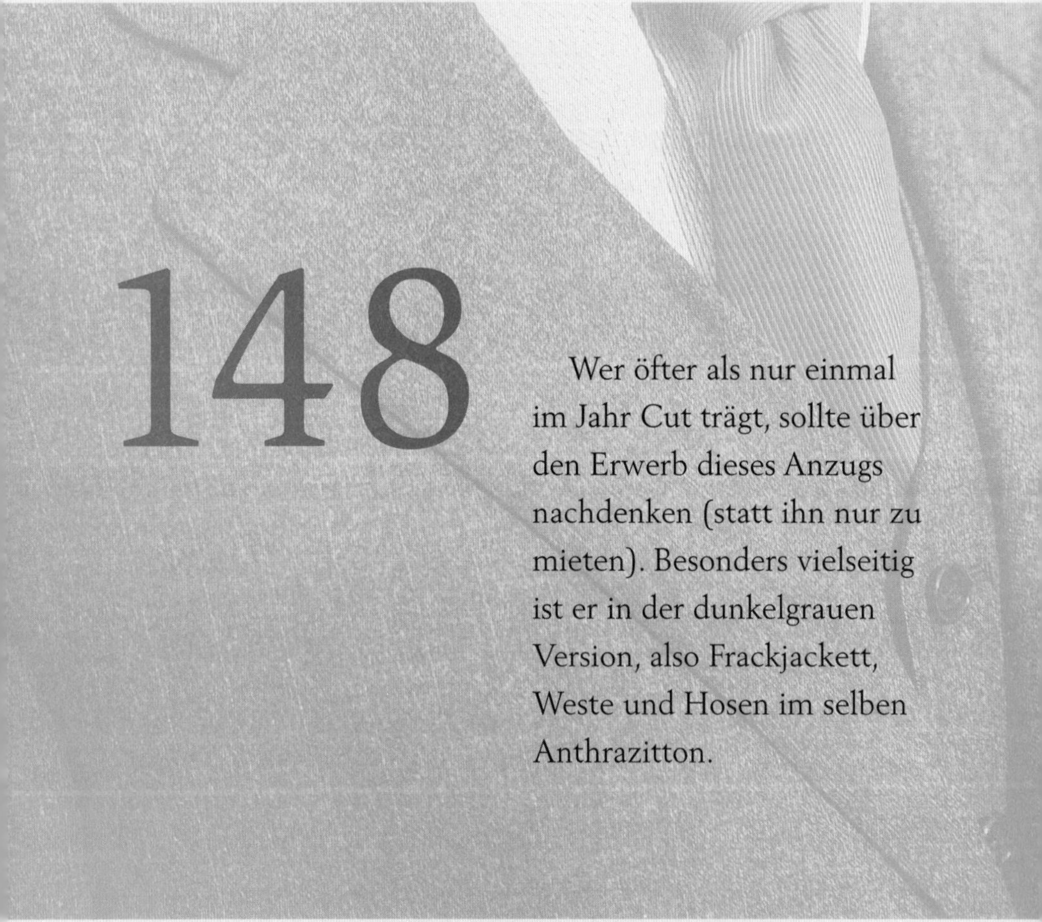

148

Wer öfter als nur einmal im Jahr Cut trägt, sollte über den Erwerb dieses Anzugs nachdenken (statt ihn nur zu mieten). Besonders vielseitig ist er in der dunkelgrauen Version, also Frackjackett, Weste und Hosen im selben Anthrazitton.

149

Wenn Sie beim Smoking einen exzentrischen Akzent setzen wollen, dann am effektivsten mit den Strümpfen. Ausgefallen und dennoch stilvoll wären sie beispielsweise in einem tiefdunklen Violett.

Die Hose von Frack oder Cut sollten von Hosenträgern gehalten werden, nicht von einem Gürtel. Nur so kann die Weste glatt am Hosenbund anliegen. Wenn Sie partout keine Hosenträger mögen, dann sollte die Hose mit einem Dehnbund ausgestattet sein, er hält das Beinkleid durch einen eingebauten Gummizug in Position.

150

Zum Cut ist die gestreifte Hose üblich, jedoch nicht Pflicht. Kenner bevorzugen im Sommer eine hellgraue Pepitahose, auch Glencheck ist eine interessante Variante. Männer mit der Vorsilbe »Mac« oder »Mc« im Nachnamen präferieren zum Schwalbenschwanz dagegen schottisch karierte Beinkleider.

151

152

In englischen Landhäusern können Sie abends statt schwarzer Smokingjacke auch ein Dinnerjacket aus weinrotem, blauem oder flaschengrünem Samt tragen.

153

Zum Dinnerjacket aus Samt gibt es passende Abendschuhe ebenfalls aus Samt. In englischen Landhäusern sollte sie aber nur derjenige tragen, der sich als Liebhaber der Gastgeberin outen will.

154

Niemals Braun zu Cut, Smoking oder Frack.

155

Zum dunklen Abendmantel über dem Smoking darf auf keinen Fall der Zylinder getragen werden, sondern – wenn schon Hut – unbedingt der schwarze Bowler. Da die »Melone« aber hoffnungslos »out« ist, gehen Sie besser oben ohne.

Bei kirchlichen Trauungen ist der hellgraue Cutaway dem Bräutigam und seinem Trauzeugen vorbehalten. Alle anderen männlichen Gäste bleiben bei Schwarz oder Dunkelgrau.

156

157

Lassen Sie sich in keinem Fall zu einem Abendanzug mit Spenzerjacke überreden. Nur englische Marineoffiziere tragen ihn in seiner korrekten Form, und zwar als Teil ihrer Ausgehuniform.

158

Rüschen haben an Ihrem Smokinghemd nichts zu suchen, es sei denn, Sie treten als Schlagersänger auf oder arbeiten als Croupier in Las Vegas.

159

Der klassische Schuh zum Cut ist ein schwarzer Oxford ohne jede Zierperforation. Allerdings sind auch Monks (Schnallenschuhe) oder Loafer (Schlüpfschuhe) erlaubt – natürlich aus schwarzem Leder.

160

Der Bräutigam trägt auf dem Standesamt einen dunklen Anzug, bei der kirchlichen Trauung ist der Cut die förmlichere Alternative.

Tragen Sie zu Smoking oder Frack niemals normale Straßenschuhe, auch in schwarzem Leder können Sie nicht Lackoxford oder Escarpin ersetzen.

161

162

Zum Cut dürfen Sie niemals eine Schleife und in keinem Fall Lackschuhe anziehen. Korrekt sind nur nur Langbinder und Schuhe aus normalem Kalbsleder.

163

In Europa ist der Smoking als Hochzeitsanzug nicht geeignet, da es sich bei ihm um einen reinen Abendanzug handelt. Sind Sie in den USA zu einer Hochzeit geladen, können Sie auch bei Sonnenschein abendliches Schwarz tragen.

164

Der Frack ist eigentlich ein reines Abendoutfit. Allerdings wird er gelegentlich bei hochoffiziellen Adelshochzeiten vom Bräutigam getragen.

165

Wenn der Dresscode Frack vorschreibt, können Orden und Auszeichnungen angelegt werden. Soldaten dürfen bei solchen Anlässen übrigens auch in Uniform erscheinen.

166

Auf Hochzeiten geben die Brautleute modisch den Ton an. Als Gast sollten Sie niemals vornehmer als die beiden Hauptpersonen gekleidet sein.

Was passt und was nicht?

Farben und Muster kombinieren

Männer wissen ja meistens über alles Bescheid, reden bei jedem Thema mit und haben stets eine Lösung parat. Nur wenn es darum geht, die passende Krawatte zum Hemd auszusuchen, werden sie plötzlich ganz still. Ganz klar, Farben, Muster und Stoffe zusammenzustellen, ist nicht gerade ihre Stärke. Dabei ist es gar nicht so schwer, wie viele denken.

167

Jede Farbe sollte mehrmals auftauchen, aber höchstens zweimal. Zur weinroten Krawatte passen weinrote Strümpfe. Aber nur, wenn das Sakko nicht im gleichen Ton gefüttert ist.

168

Es ist ein beliebter Irrtum, dass man eine gemusterte Krawatte nicht mit einem gemusterten Hemd kombinieren darf. Beachten Sie aber eine wichtige Regel: Kleines Krawattenmuster zum großgemusterten Hemd und großes Krawattenmuster zum feingemusterten Hemd.

169

Krawatte und Einstecktuch sollten nie die gleiche Farbe haben (und schon gar nicht aus demselben Stoff gearbeitet sein). Lassen Sie die fertigen Sets aus Binder und Tuch also besser im Regal.

170

Tragen Sie zu schwarzen Schuhen keine dunkelblauen Strümpfe, besser passen Schwarz und Dunkelgrau. Ganz falsch wären braune Socken, dezente Rottöne sind dagegen akzeptabel.

171

Lassen Sie sich in keinem Fall zu vorgefalteten Einstecktüchern hinreißen oder gar zu Spitzentüchlein. Dann besser ganz auf ein Tuch in der Brusttasche verzichten.

172

Im klassischen Bereich gibt es nur zwei Töne für Herrenschuhe: Braun und Schwarz. Grün sind höchstens die Gummistiefel.

173

Zum dunkelblauen Anzug passen braune Schuhe besser als schwarze, obwohl der Business-Dresscode sie in englischsprachigen Ländern nicht erlaubt.

174

Stellen Sie die Kleidung in der umgekehrten Reihenfolge zusammen, in der Sie sie anziehen, also von außen nach innen: Erst der Anzug, dann das Hemd – zum Schluss die Krawatte. Denn in aller Regel haben Sie von den großen Teilen die wenigsten zur Auswahl, deswegen müssen Sie die Grundrichtung der Kombination vorgeben.

175

Weißes Leinen ist die einfachste Wahl für das Einstecktuch, denn es passt zu allen Businessoutfits. Falten Sie das Stoffstück entweder zum Rechteck oder drapieren Sie es locker in die Brusttasche.

Wenn Sie seidene Einstecktücher mögen, dann wählen Sie ein Muster, das einen Farbton der Krawatte aufnimmt. Beispiel: Zu einem dunkelblau-weinrot gestreiften Binder passt weinrotes Paisley oder blaue Seide mit weißen Pünktchen.

176

177

Zu Tweedanzug und Wollkrawatte ist das Einstecktuch aus Kaschmir oftmals die bessere Alternative als das aus glänzender Seide.

178

Wenn Sie Ihre Kleidung zusammenstellen, sollten Sie nicht nur auf den reinen Farbwert, sondern auch auf Optik und Griff der Einzelkomponenten achten. Zu einer grauen Hose aus wolligem Flanell setzt ein glänzend polierter Brogue eventuell einen zu starken Kontrast, mattes Rauleder würde besser mit der Stoffstruktur harmonieren.

179

Fragen Sie sich bei Farbkombinationen zuerst, ob sie harmonisch oder interessant aussehen, danach, ob sie erlaubt sind.

180

Die klassischen Businessfarben sind dunkle Grau- und Blautöne, als leger gelten Naturtöne wie Braun- und Grünschattierungen. Daran können auch die Designer nichts ändern, die dem Mann im Office am liebsten freie Hand bei der Farbwahl lassen würden.

181

Zum blass-rötlichen Hauttyp passen hellblaue Hemden besser als weiße. Der rötliche Anteil des Teints wird durch den sehr hellen Kontrast ungünstig betont. Beobachten Sie bei Ihrem nächsten Businesslunch: Gesichter über weißem Baumwollpopeline leuchten mit jeden Glas Wein noch ein bisschen röter.

182

Die Farbe Gelb sollte im Businessbereich nur äußerst sparsam eingesetzt werden. Niemals bei Anzug oder Sakko, gelegentlich beim Hemd, am besten nur bei Krawatte oder Einstecktuch.

183

Männer mit grauem Haar sollten Anzug und Hemd in Farben wählen, die sich deutlich von den Silberlocken absetzen. Hellgrau ist dagegen zu kontrastarm.

Das Weiß des Haarschopfs sollte in der Kleidung aufgegriffen werden, beispielsweise in einem Nadelstreifen oder einem entsprechenden Hemd. Ein weißer Anzug wäre allerdings zuviel des Guten, da der helle Ton sonst zu sehr dominiert.

184

185

Beige Sommeranzüge lassen Mittel- und Nordeuropäer schnell blass und fahl aussehen, zu schwarzem Haar und dunklem Teint wirken sie wesentlich besser.

186

Blonden und blassen Mitteleuropäern stehen Sommeranzüge in Dunkelblau, Hellbraun oder Mittelgrau am besten.

Blonden und blassen Männern stehen Sommeranzüge in Dunkelblau, Hellbraun oder Mittelgrau am besten. Erstaunlicherweise sind diese Farben bei Niederländern, Deutschen und Dänen dennoch relativ unbeliebt.

187

188

Tragen Sie im Business niemals ein knallrotes Hemd. Eine knallrote Krawatte ist dagegen okay. Auf einen weißen Hemd sticht sie am stärksten hervor, hellblaue Baumwolle mildert ihre Farbwirkung dagegen wohltuend.

189

Weiße Tennissocken sind zum dunklen Anzug bekanntlich tabu. Zu einem weißen Sommeranzug und hellen Wildlederschuhen wären feine weiße Kniestrümpfe dagegen korrekt.

190

Die graue Hose aus weichem Flanell oder leichtem Kammgarnstoff passt zu Sakkos in allen Farben und Dessins, deswegen darf sie in keiner Garderobe fehlen.

191

Verzichten Sie darauf, identische Musterarten bei Anzug, Hemd und Krawatte zusammenzustellen. Beispiel: Glencheck-Anzug mit Glencheck-Hemd und Glencheck-Krawatte, gleiches gilt für Hahnentritt, Fischgrat und Pepita.

192

Einfarbig mausgrau ist nur etwas für Anzug, Hose und Mantel, nicht aber für Hemd, Krawatte und Schuhe.

193

Karierte Anzüge kombinieren Sie am besten mit einfarbigen oder gestreiften Hemden. Wenn Sie zum Karozwirn ein gewürfeltes Hemd tragen wollen, dann achten Sie darauf, dass sich die Dessins in ihrer Größe unterscheiden.

194

Wenn Sie eine passende Krawatte zu einem bestimmten Anzugstoff aussuchen möchten, haben Sie zwei Möglichkeiten: entweder stimmen Sie die Seide farblich auf den Grundton ab oder Sie greifen damit einen speziellen Ton innerhalb des Dessins auf. Zu einem grauen Glencheck-Anzug mit hellblauem Überkaro könnten Sie beispielsweise einen dunkelblauen Binder mit hellblauen Tupfen tragen.

Der klassische Nadelstreifen ist weiß auf blauem oder grauem Grund. Etwas ungewöhnlicher sind Stoffe mit farbigen Streifen. Entscheiden Sie sich für die Variante, die Ihrer liebsten Hemdenfarbe entspricht: Weißer Nadelstreifen zu weißer Baumwolle, blaugestreifter Nadelstreifen zu blauer Baumwolle.

195

196

Die Musterrichtungen von Krawatte, Hemd und Anzug sollten im Kontrast zueinander stehen. Zum Anzug mit Längsstreifen passen beispielsweise ein kariertes Hemd und ein Binder mit diagonalen Clubstreifen.

197

Achten Sie bei der Zusammenstellung ihres Outfits darauf, dass Hemd und Sakko in Oberflächenstruktur und Optik gut aufeinander abgestimmt sind. Zum rauen Tweedsakko passt ein Hemd aus körnigem Oxfordstoff am besten, superfeiner Batist würde dagegen eher mit einem leichten Kammgarnstoff harmonieren.

198

Tragen Sie im Business niemals Anzüge in Mintgrün, Blassviolett, Aubergine, Petrol oder Ockergelb. Korrekt sind dunkle Grau- und Blautöne.

199

Je mehr Farben im Stoff Ihres Anzugs enthalten sind, desto schwieriger die Kombination mit Hemd und Krawatte. Wer kein Händchen für Mode hat, sollte deshalb einfarbigen Zwirn wählen.

200

Seien Sie vorsichtig mit farbigen oder gemusterten Strümpfen. Dunkle Unis sind viel leichter auf den Rest der Kleidung abzustimmen. Allerdings haben dessinierte Strümpfe den Vorteil, dass sie nach der Wäsche schnell sortiert sind.

201

Wenn Sie absolut unsicher sind bei der Farbzusammenstellung, sollten sie ausschließlich graue Anzüge und hellblaue Hemden kaufen. Zu diesen beiden Farben sehen alle Krawatten gut aus.

202

Vorsicht mit grünen Anzügen, da werden
Sie schnell mal für den Oberförster gehalten.

Die schönsten Nebensachen der Welt: Accessoires

Kleine Dinge haben oft eine erstaunlich große Wirkung. Das gilt ganz besonders bei den Accessoires, dem Zubehör zur Mode. Was ist ein schon ein Nasenpiercing außer ein paar Gramm Metall? Dennoch würde garantiert die Weltpresse darüber berichten, wenn es das Riechorgan des Bundeskanzlers zieren würde. Es lohnt sich also unbedingt, die kleinen Dinge mit größter Sorgfalt auszuwählen.

203

Der sichtbar getragene Schmuck sollte sich auf zwei Ringe (Trauring und ein Schmuckring), die Uhr und die Manschettenknöpfe beschränken. Was Sie unsichtbar unter dem Hemd an Kettchen, Glücksbringern, Amuletten o.Ä. tragen, bleibt Ihre Privatsache.

Armketten sind theoretisch okay, allerdings sorgen sie in konservativen Kreisen nach wie vor für hochgezogene Augenbrauen.

204

Das zentrale Accessoire des Mannes ist die Uhr. Obwohl heute auch der billigste Quarz-Zeitmesser größte Genauigkeit bietet, gilt ein mechanisches Werk immer noch als wesentlich stilvoller.

205

Die Metallteile von Schmuck und Accessoires sollten aufeinander abgestimmt sein. Zur silbernen Gürtelschnalle passt am besten eine Uhr aus Edelstahl, Weißgold oder Platin, die Messingschließe macht sich dagegen gut zu Gelbgold.

206

207

Die Investition in einen hochwertigen Gürtel lohnt sich, denn er kann im Büro und in der Freizeit getragen werden. Bevor Sie sich aber ein besonders teures Exemplar kaufen, sollten Sie im Geiste ihre Schuhsammlung durchgehen. Ohne passenden Partner wäre das Geld verschwendet.

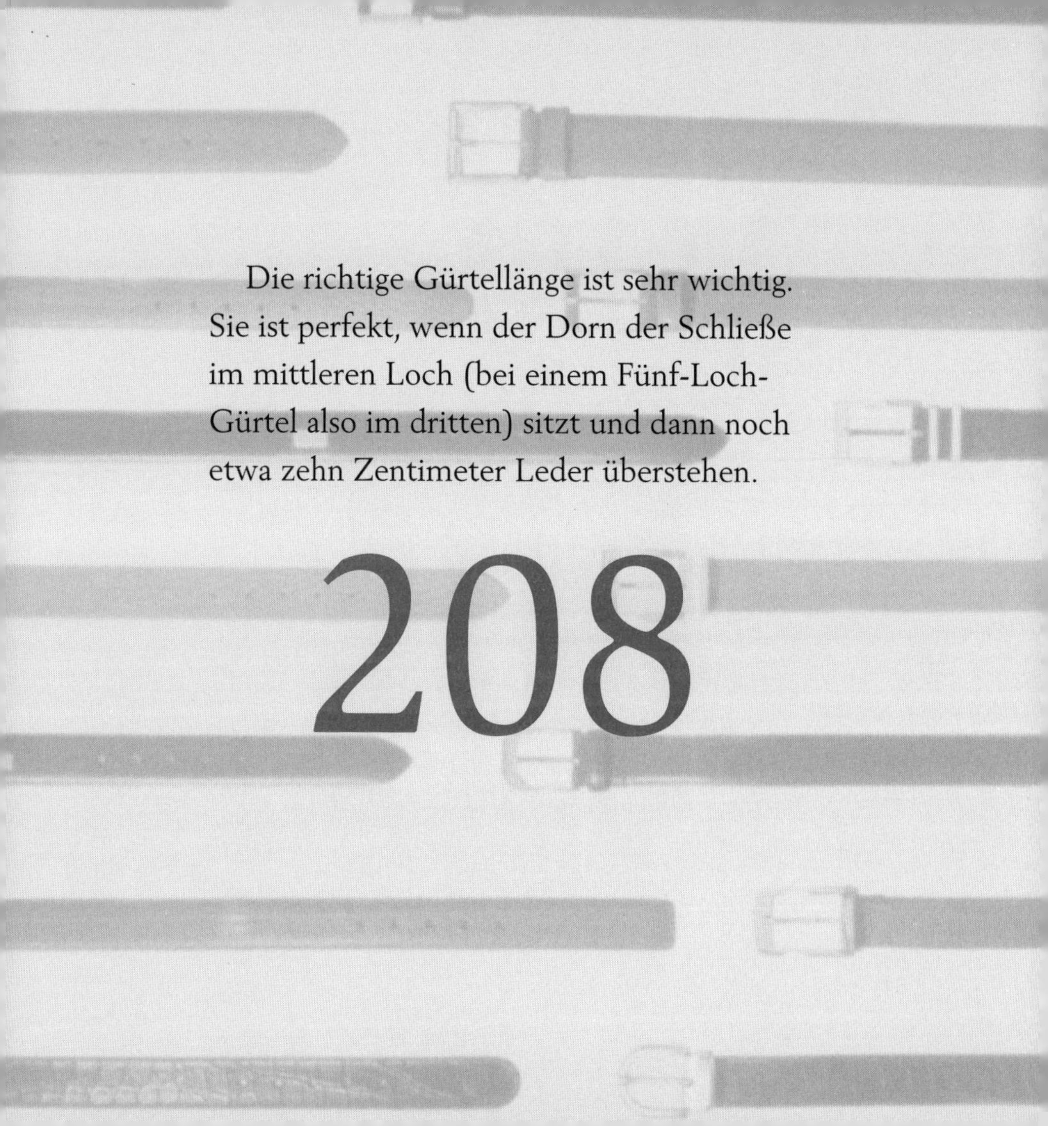

Die richtige Gürtellänge ist sehr wichtig. Sie ist perfekt, wenn der Dorn der Schließe im mittleren Loch (bei einem Fünf-Loch-Gürtel also im dritten) sitzt und dann noch etwa zehn Zentimeter Leder überstehen.

208

209

Wenn Sie schlanker wirken wollen, tragen Sie einen etwas zu langen Gürtel, auf keinen Fall aber einen zu kurzen. Wenn der Gürtel nämlich gerade noch so mit dem letzten Loch geschlossen werden kann und sich nur noch ein kurzer Lederstummel jenseits der Schnalle findet, suggeriert dies überquellende Leibesfülle.

210

Die Farbe des Gürtels muss zu der des Schuhs passen. Sind beide schwarz, fällt die Wahl nicht schwer. Bei Braun gilt es, den Ton zu berücksichtigen. Hellbraun zu Hellbraun, Cognac zu Cognac, Schokoladenbraun zu Schokoladenbraun etc.

211

Wer es ganz genau nimmt, wählt zu Gürtel und Schuhwerk auch noch das passende Uhrenarmband. Denn hellbraunes Leder sticht am Handgelenk stark gegen schwarze Schuhe ab.

Farbige Gürtel, zum Beispiel aus hellblauem Leder in Schlangenhautoptik, kombinieren Sie am besten zu Edelsneakers im gleichen Ton.

212

213

Die Sonnenbrille ist nicht nur ein praktischer Schutz gegen UV-Strahlen und gleißendes Licht, sondern auch ein wichtiges Accessoire. Wählen Sie deshalb entweder einen zeitlosen Klassiker, beispielsweise von Ray Ban, oder aber ein schickes Trendmodell.

214

Wenn Sie im Sommer ständig zwischen grellem Sonnenlicht und dunklen Innenräumen hin- und herwechseln, beispielsweise beim Shopping, dann schieben Sie die Sonnenbrille zwischendurch einfach lässig ins Haar.

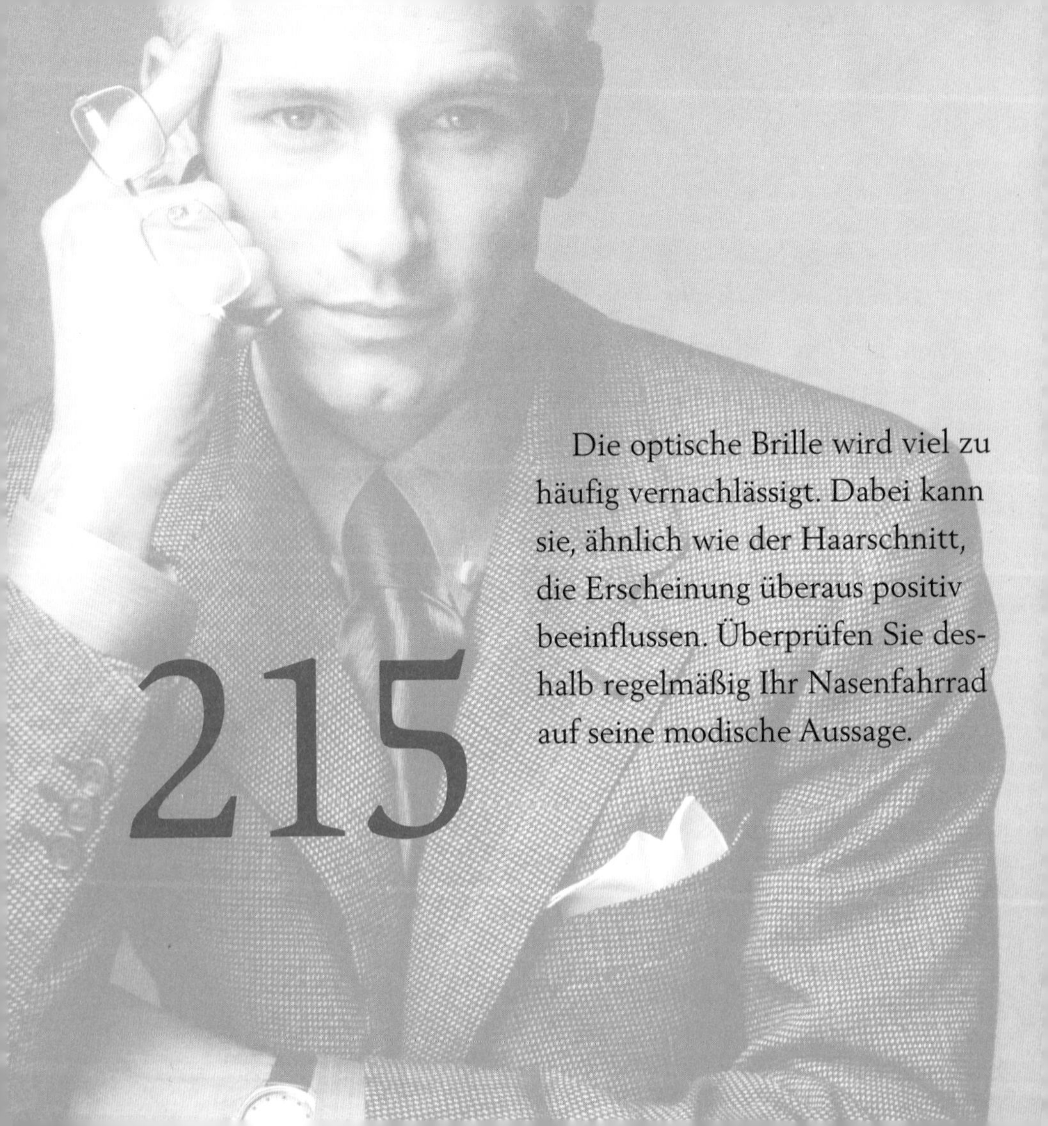

215

Die optische Brille wird viel zu häufig vernachlässigt. Dabei kann sie, ähnlich wie der Haarschnitt, die Erscheinung überaus positiv beeinflussen. Überprüfen Sie deshalb regelmäßig Ihr Nasenfahrrad auf seine modische Aussage.

Wenn Sie mitbekommen, dass Ihre Kollegen Sie nur über Ihre Brille definieren, nicht jedoch über Ihre Persönlichkeit oder beruflichen Leistungen, dann haben Sie vermutlich ein zu auffälliges Modell gewählt.

217

Wer sein Äußeres nicht durch eine optische Brille verändern möchte, sollte Kontaktlinsen tragen. Sie ermöglichen es außerdem, der aktuellen Sonnenbrillenmode zu folgen.

218

Brillen aller Art sollten peinlich sauber gehalten werden. Erstens kann man dann besser durch sie hindurchsehen, zweitens wirken schmierige und staubverklebte Augengläser äußerst ungepflegt.

219

Wenn Sie sich Ihre Lesebrille schon unbedingt um den Hals hängen wollen, dann besorgen Sie sich wenigstens ein einigermaßen geschmackvolles Halteband. Goldene Ketten sind zum Beispiel nicht so geeignet.

220

Tragen Sie ihre Sonnenbrille nicht bei bedecktem Himmel und auch nicht in Innenräumen. Da spannen Sie ja schließlich auch keinen Sonnenschirm auf.

221

Wer sich auf eine einzige Uhr beschränken möchte, sollte ein Edelstahlmodell mit Metallarmband wählen, denn es passt zu jeder Art von Kleidung und zu fast allen Anlässen.

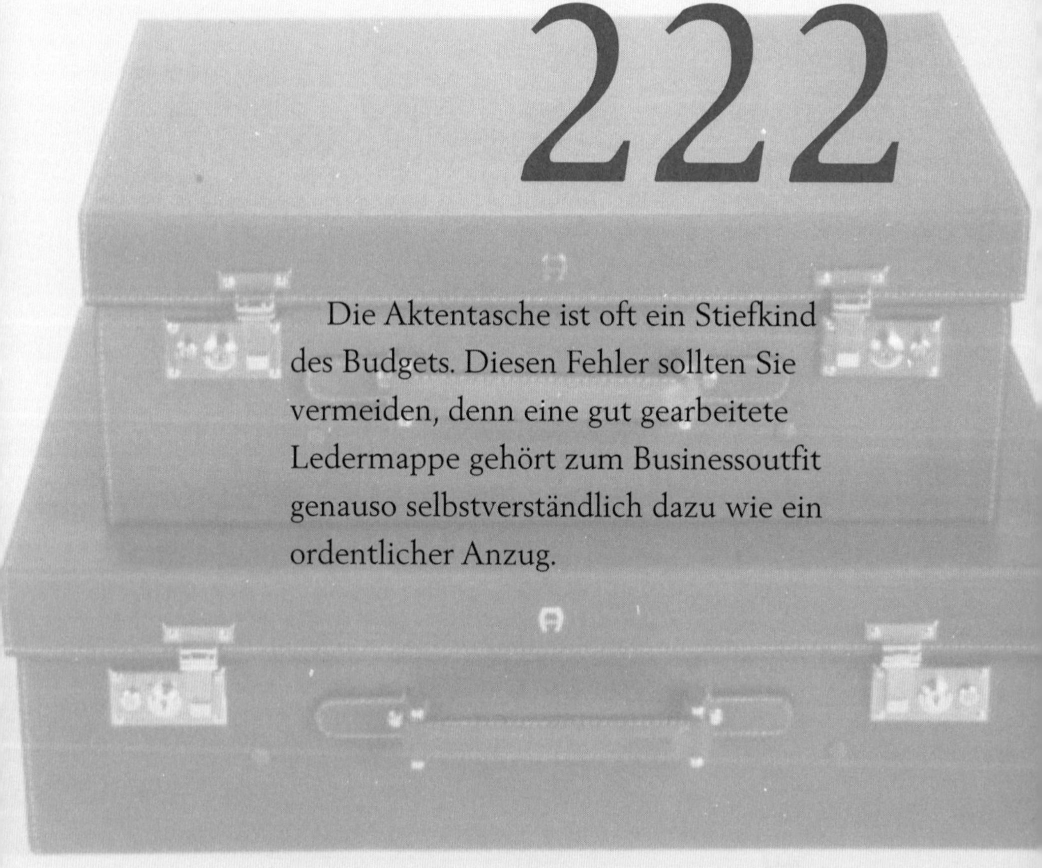

222

Die Aktentasche ist oft ein Stiefkind des Budgets. Diesen Fehler sollten Sie vermeiden, denn eine gut gearbeitete Ledermappe gehört zum Businessoutfit genauso selbstverständlich dazu wie ein ordentlicher Anzug.

223

Die schönsten Manschettenknöpfe sind doppelt gearbeitet, bestehen also aus zwei identischen Schmuckobjekten, die durch eine Kette oder einen kleinen Steg verbunden sind. Besonders exquisite Exemplare finden Sie bei Juwelieren, die sich auf Antikschmuck spezialisiert haben.

224

Die beste Alternative zum Manschettenknopf aus Edelmetall sind geflochtene Seidenknötchen, die es in fast allen Farben und in diversen Musterungen zu kaufen gibt. Herrenausstatter und Hemdenmacher halten Sie oft in großen Bonbongläsern neben der Kasse bereit.

225

Tragen Sie niemals Hosenträger und Gürtel zusammen. Entscheiden Sie sich für eines der beiden Haltesysteme.

226

Zu Hosen im englischen Stil gehören klassische Hosenträger, die innen an den Bund des Beinkleids geknöpft werden.

227

Zum dunklen Businessanzug sind Hosenträger in mutigen Farben wie Rot, Pink, Gelb oder Hellblau erlaubt. Auch gegen Motive ist nichts zu sagen, verzichten Sie jedoch auf anzügliche Darstellungen.

228

Ein solider Stockschirm gehört in jeden Haushalt. Traditionalisten wählen für den Gang ins Büro ein schwarzes Modell. Eine dunkle Bespannung mit einem dezenten Muster eignet sich dagegen für Job und Freizeit gleichermaßen.

229

Viele Männer meinen, dass ein Portemonnaie durch Flickwerk aus Isoband oder Pflastern erst richtig schön wird. Dies ist leider nicht der Fall. Investieren deshalb in eine hochwertige, neue, intakte Geldtasche.

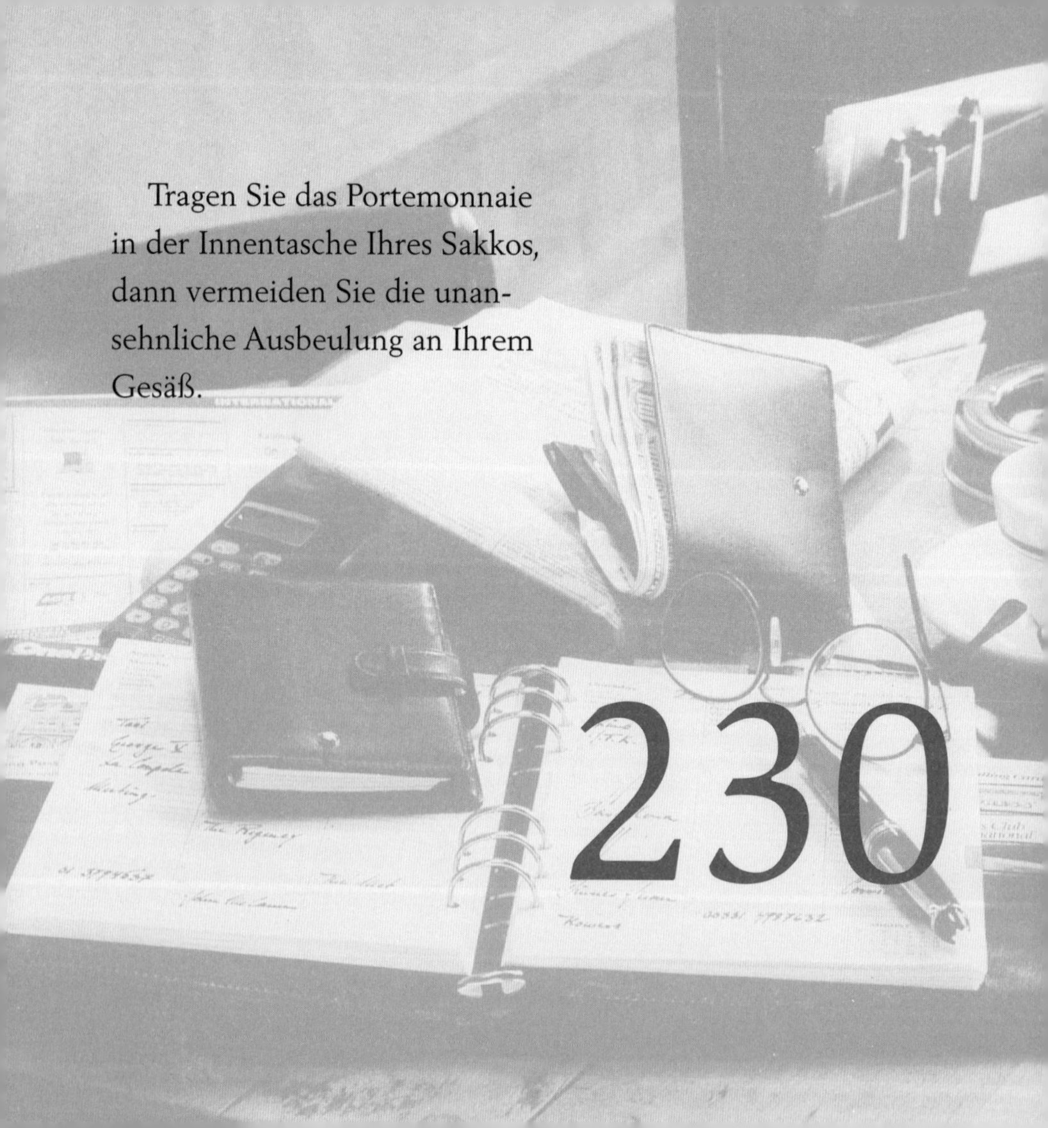

Tragen Sie das Portemonnaie in der Innentasche Ihres Sakkos, dann vermeiden Sie die unansehnliche Ausbeulung an Ihrem Gesäß.

230

Nicht jeder benötigt Handschuhe. Wer beispielsweise seine Aktentasche nur vom Haus ins Auto trägt und dann von der Firmengarage ins Büro, kann sich edle Lederexemplare sparen. Bahn- und Busfahrer brauchen Sie dagegen unbedingt, nicht zuletzt als Schutz vor schmutzigen Geländern und Haltegriffen.

231

232

Die Handschuhe müssen sich in ihrer Farbe dem Diktat der Schuhe beugen. Braune Fingerlinge zu braunen Schuhen, schwarze Modelle zu schwarzen Schuhen.

233

Graue Hirschlederhandschuhe werden aufgrund ihrer militärischen Herkunft (Ausstattung der Offiziere) zu schwarzen Schuhen getragen.

234

Zum Businessoutfit gehört ein stadtfeiner Schal, Mamas Handstrick eignet sich besser für die Freizeit.

235

Der Schal für den gut gekleideten Herrn wird aus Wolle, Kaschmir oder Seide gewebt, in jedem Fall aber aus Naturfasern. Synthetikmaterialien sind nicht nur aus Prinzip tabu (denn für Kunstfasern wird wertvolles Erdöl vergeudet), sie tragen sich auch nicht angenehm.

236

Wer das angenehme Tragegefühl von Kaschmir mit dem eleganten Glanz der Seide verbinden möchte, sollte einen Seidenschal mit Kaschmir-Innenseite wählen.

Wer sich zum Kauf eines teuren Schals entschließt, sollte ein möglichst zeitloses und vielseitig kombinierbares Modell wählen. Bestand haben Farben wie Dunkelblau, Schwarz, Weinrot und dezente Muster wie Paisley oder Pünktchen.

237

238

Ein edler Schal muss locker um den Hals geschlungen sein, damit er wirklich elegant aussieht. Außerdem wärmt er viel besser, wenn er nicht zu stramm gezogen wird (denn es wird mehr Luft eingeschlossen).

Wer Wert auf ein gepflegtes Äußeres legt, sollte seinen Gestaltungswillen auch auf das Reisegepäck ausdehnen. Eine billige Reisetasche wirkt in der Hand eines gut gekleideten Mannes doppelt schäbig.

239

KENT

Gepflegt mit Stil:

Haar, Bart und Körperpflege

Was macht den SL zum begehrenswerten Auto? Der Motor oder die Karosserie? Dumme Frage, denn ohne Antrieb ist das Blech genauso wenig wert wie der Motor ohne Drumherum. So ähnlich ist es auch mit Haar- und Körperpflege. Schönes Haar allein macht den Mann nicht elegant, ein perfekt geschnittener Anzug tut es ohne den gepflegten Körper aber auch nicht. Perfektion beginnt deshalb im Bad.

240

Barttrachten werden je nach Land und beruflichem Umfeld sehr unterschiedlich bewertet. Glattrasiert fahren Sie deshalb meistens am besten. Es sei denn, Sie treffen sich mit alten Freunden aus Hippietagen.

241

Der Dreitagebart gilt vielerorts, vor allem aber in konservativen Kreisen, schlicht als Zeichen von Ungepflegtheit und nicht etwa als Ausweis modischer Finesse. Wenn Sie Glück haben, kann Ihnen diese Meinung egal sein. Wenn nicht, sollten Sie regelmäßig zum Rasierer greifen.

242

Der regelmäßige Haarschnitt ist eine Minimalanforderung in Sachen Pflege, die leider von den wenigsten erfüllt wird.

243

Das Wichtigste beim Haarschnitt ist Natürlichkeit. Wenn Sie morgens eine halbe Stunde für Ihre Frisur brauchen, dann stimmt irgendetwas nicht.

244

Wenn Sie unter starkem Haarausfall leiden, grämen Sie sich nicht, sondern stehen Sie dazu! Es ist ein Zeichen von Souveränität, spärlichen Haarwuchs oder kahle Stellen nicht zu kaschieren.

245

Haarschnitt und Barttracht sind entscheidend für die Gesamterscheinung. Wer sein Äußeres verändern will, darf sich deshalb nicht auf die Kleidung beschränken, die neue Frisur ist dann ebenfalls ein Muss.

246

Ein altgewohntes Duftwasser dosieren wir meistens viel zu hoch, weil wir es selbst schon gar nicht mehr wahrnehmen. Deshalb gilt bei Eau de Toilette und Aftershave: Weniger ist mehr.

247

Die Amerikaner haben dem Problem den schönsten Namen gegeben: »five o'clock shadow«, der nachmittägliche Bartschatten. Er zeigt sich vor allem bei dunkelhaarigen Männern. Für den Fall, dass spät noch ein wichtiges Meeting angesetzt ist oder ein Dinner mit der Liebsten winkt, immer einen Akkurasierer im Schreibtisch bereithalten.

248

Es gibt keinen zwingenden Grund, sich nach der Rasur mit höllisch brennendem Aftershave zu quälen. Angenehmer ist ein sanfter Balsam, den Duft tragen Sie später als Eau de Toilette auf.

In den USA gehört die Maniküre zum distinguierten Erscheinungsbild selbstverständlich dazu. In Europa werden polierte Nägel beim Herrn dagegen eher mit Verwunderung registriert. Ein Mindestmaß an Gepflegtheit muss aber sein.

249

250

Die Haarpflege sollte auch den Wildwuchs in Ohren und Nase einschließen, der sich mithilfe einer Nagelschere oder eines Spezialschneiders im Zaum halten lässt.

251

In alle Richtungen sprießende Augenbrauen sehen ungepflegt aus. Die Härchen müssen aber nicht (schmerzhaft) in Form gezupft werden, der Friseur kann sie auch mit der Schere stutzen.

252

Gefärbte oder getönte Haare wirken wenig überzeugend, wenn der künstliche Ton in starkem Widerspruch zum objektiven Alter der Haut steht. Auch graue oder gar weiße Bartstoppeln können die Nachbesserung bei der Haarfarbe verraten.

Langes Haupt- und Barthaar ist nur dann akzeptabel, wenn es extrem gut gepflegt aussieht.

253

254

Grundsätzlich kann man jede Barttracht tragen – solange sie nicht so übertrieben ist, dass sie die gesamte Aufmerksamkeit auf sich zieht. Beispiel: Schnauzer mit lang ausgezogenen Spitzen, die bis an die Schultern reichen und geteilte Spitzbärte mit gezwirbelten Enden.

255

Kopfschuppen können viele Ursachen haben und häufig sind sie nur schwer zu bekämpfen. Wer zu diesem Hautproblem neigt, sollte die kosmetischen Maßnahmen durch die richtige Wahl der Kleidung flankieren. Helle und melierte Anzugfarben lassen die Hautpartikel weniger deutlich hervortreten als glatte Stoffe in dunklen Tönen.

Ordnen Sie Ihre Frisur nur im Waschraum oder wenn Sie allein sind. Ihre Mitmenschen werden es Ihnen danken.

256

257

Nach dem Haarekämmen immer Kragen und Sakkorücken kritisch im Spiegel betrachten. Ein langes helles Haar sieht auf dunklem Zwirn äußerst unappetitlich aus. Von seinem Partner zu erwarten, dass er ständig verlorene Haare vom Stoff sammelt, ist allerdings eine Zumutung.

258

Schauen Sie nach dem Rasieren genau in den Spiegel. Kleine Schnitte am Hals sind leicht zu übersehen, auf dem weißen Hemdkragen machen sie sich dagegen sofort als rote Blutflecken bemerkbar.

259

Wenn Sie nur alle zwei Monate zum Friseur gehen, sollten Sie nach vier Wochen die Koteletten mit dem Langhaarschneider stutzen.

260

Die Auffassungen über gegeltes oder pomadisiertes Haar gehen stark auseinander. Die meisten Mitmenschen empfinden eine allzu angeklebte Frisur als schmierig.

261

Verzichten Sie möglichst auf Haarspray oder Sprühfestiger. Erstens lassen diese Stylingprodukte Ihren Schopf steif und unnatürlich aussehen, zweitens rieseln getrocknete Bestandteile auf den Sakkokragen und sorgen dort für den unschönen Schuppeneffekt.

Tipps für die Geschäftsreise

Geschäftsreise ist Alltag unter verschärften Bedingungen. Statt einem Schrank voll Kleidung hat man nur den Koffer mit der Minimalauswahl dabei, statt der Wohnung nur ein Hotelzimmer, statt dem vertrauten Büro ein fremdes Konferenzzimmer. Gar nicht so leicht, sich da auf den Job zu konzentrieren. Wie gut, wenn man sich vor dem Trip mit ein paar guten Überlebensstrategien versorgt hat.

262

Langes Sitzen im Auto tut dem Anzug nicht gut. Besser im Freizeitlook hinters Steuer und erst vor dem Meeting in den Businesszwirn wechseln. Wenn dafür die Zeit oder die Gelegenheit fehlt, unbedingt auf der Fahrt das Sakko ausziehen.

Verzichten Sie auf dem Hinflug zum Meeting auf den Gratis-Champagner in der Businessclass. Erstens brauchen Sie einen klaren Kopf, zweitens macht eine Alkoholfahne bei vielen Mitmenschen einen schlechten Eindruck.

263

264

Auf Kurzreisen mit dem Flugzeug sollten Sie Ihr Gepäck unbedingt soweit reduzieren, dass Sie es mit an Bord nehmen können. Schon so mancher stand eine Stunde vor der entscheidenden Präsentation in Jeans und Polohemd als letzter vor dem leeren Gepäckband, während sein Koffer samt Businessoutfit Tausende von Kilometern entfernt in einer anderen Maschine durch die Luft raste.

265

Auf Geschäftsreisen können Sie zwecks Gewichtsreduzierung auf Schlafanzug, Hausschuhe, Föhn und die gemütliche Strickjacke verzichten (schließlich müssen Sie jedes Kilo vom Flieger bis zum Hotel schleppen).

Ein gutes Allround-Dessin für Reiseanzüge ist hellgrauer Glencheck mit oder ohne Überkaro. Das Muster passt sich erstens vielen Situationen an und zweitens ist es extrem unempfindlich gegen Flecken.

Erfahrene Geschäftsreisende meiden auf dem Hinflug zur Besprechung Kaffee, Tee und Tomatensaft. Die Fleckengefahr ist einfach zu groß, denn Luftlöcher drohen überall. Deshalb morgens nur Wasser, Getränke mit Flecken-Potenzial erst bei der Rückkehr.

267

268

Ohne Binder kein Roast Beef! Im Grillroom des Londoner Dorchester gilt für Herren Krawattenzwang. Wenn Sie Vegetarier sind, muss Sie das allerdings nicht bekümmern.

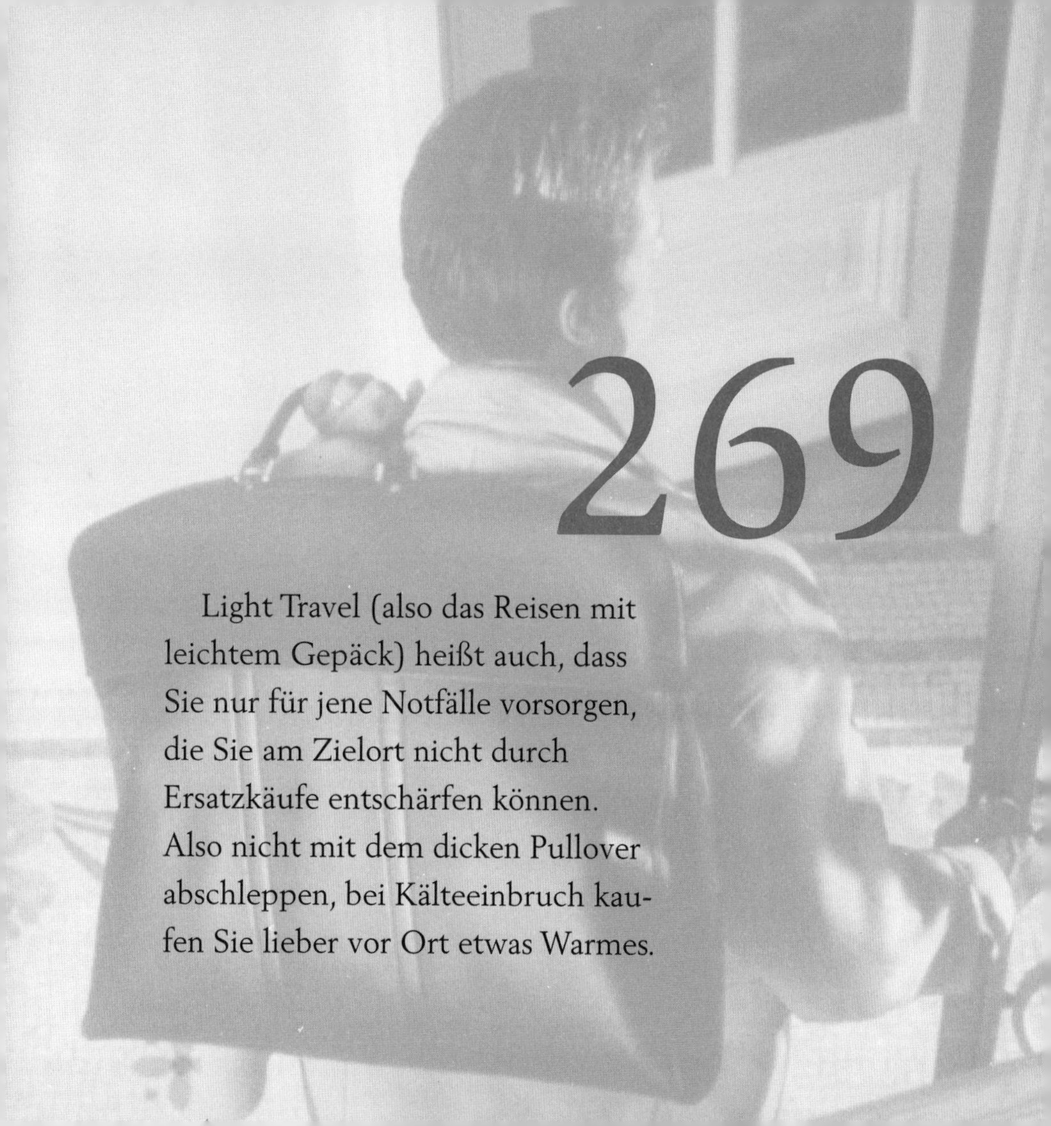

269

Light Travel (also das Reisen mit leichtem Gepäck) heißt auch, dass Sie nur für jene Notfälle vorsorgen, die Sie am Zielort nicht durch Ersatzkäufe entschärfen können. Also nicht mit dem dicken Pullover abschleppen, bei Kälteeinbruch kaufen Sie lieber vor Ort etwas Warmes.

270

Auf Geschäftsreisen ist ein dunkelblauer Binder der beste Begleiter, denn er passt zu jedem Hemd und jedem Anzug.

271

Wenn Ihnen in Innenräumen schnell warm wird, es draußen aber schon ziemlich kühl ist, sollten Sie einen dünnen Pullunder aus leichter Wolle mit auf Reisen nehmen. Er wärmt unter freiem Himmel und passt in die Aktentasche, wenn es im Konferenzraum heiß hergeht.

272

In London trägt der Geschäftsmann schwarze Schuhe zum dunklen Anzug. Braune Schuhe sind für das Wochenende auf dem Land reserviert.

273

Untersuchen Sie vor der Reise Ihren Waschbeutel, denn dort lauert viel versteckter Ballast: Die große Flasche mit Kontaktlinsenreiniger (gibt es auch als Miniportion), Haarshampoo (gibt es gratis im Hotel), Haartrockner (steht ebenfalls in der Herberge bereit) oder Zahnpasta im Maxiformat (kleinere Tube kaufen).

274

Im klassischen Italo-Stil werden braune Schuhe zum dunklen Businesszwirn kombiniert. Bei ganz förmlichen Anlässen gibt man jedoch auch südlich der Alpen schwarzem Schuhwerk den Vorzug.

275

Sie sollten niemals in neuen Schuhen auf Geschäftsreise gehen. Selbst wenn die Treter zunächst bequem erscheinen, können sie sich nach ein paar Stunden in Folterwerkzeuge verwandeln.

276

Wer gut mit dem Bügeleisen umgehen kann, packt die frisch gewaschenen Hemden direkt von der Leine in den Koffer. Im Hotel dann einfach Bügeleisen ausleihen und die Hemden kurz vor ihrem Einsatz plätten.

277

Eine längere Geschäftsreise sollten Sie niemals in einem Leinen- oder Baumwollanzug antreten, es sei denn, Sie können sich vor dem entscheidenden Termin noch einmal umziehen.

278

Wenn Anzug, Sakko oder Hose beim Transport gequetscht wurden, bringt sie ein Dampfbad wieder in Form. Im Bad das Fenster schließen und heißes Wasser aus der Dusche laufen lassen bis sich Nebel bildet. Dann die zerknitterten Kleidungsstücke zwanzig Minuten in den Dampf hängen, danach sind die Falten verschwunden.

279

Bei Kurztrips ist ein dunkelblauer Anzug der vielseitigste Begleiter. Mit Hemd und Krawatte fürs Meeting, später das Sakko mit Chino und offenem Hemdkragen für den Abend im Restaurant.

Rollen Sie niemals Ihre Sakkoärmel auf, es sei denn Sie arbeiten im Rotlichtmilieu.

280

281

Ohne Schuhlöffel, Ersatzschnürsenkel und Kleiderbürste ist das Reisegepäck nicht komplett. Auch ein Nähset ist wichtig, allerdings finden Sie diesen Nothelfer in besseren Hotels im Bad oder in einer Schublade im Zimmer vor.

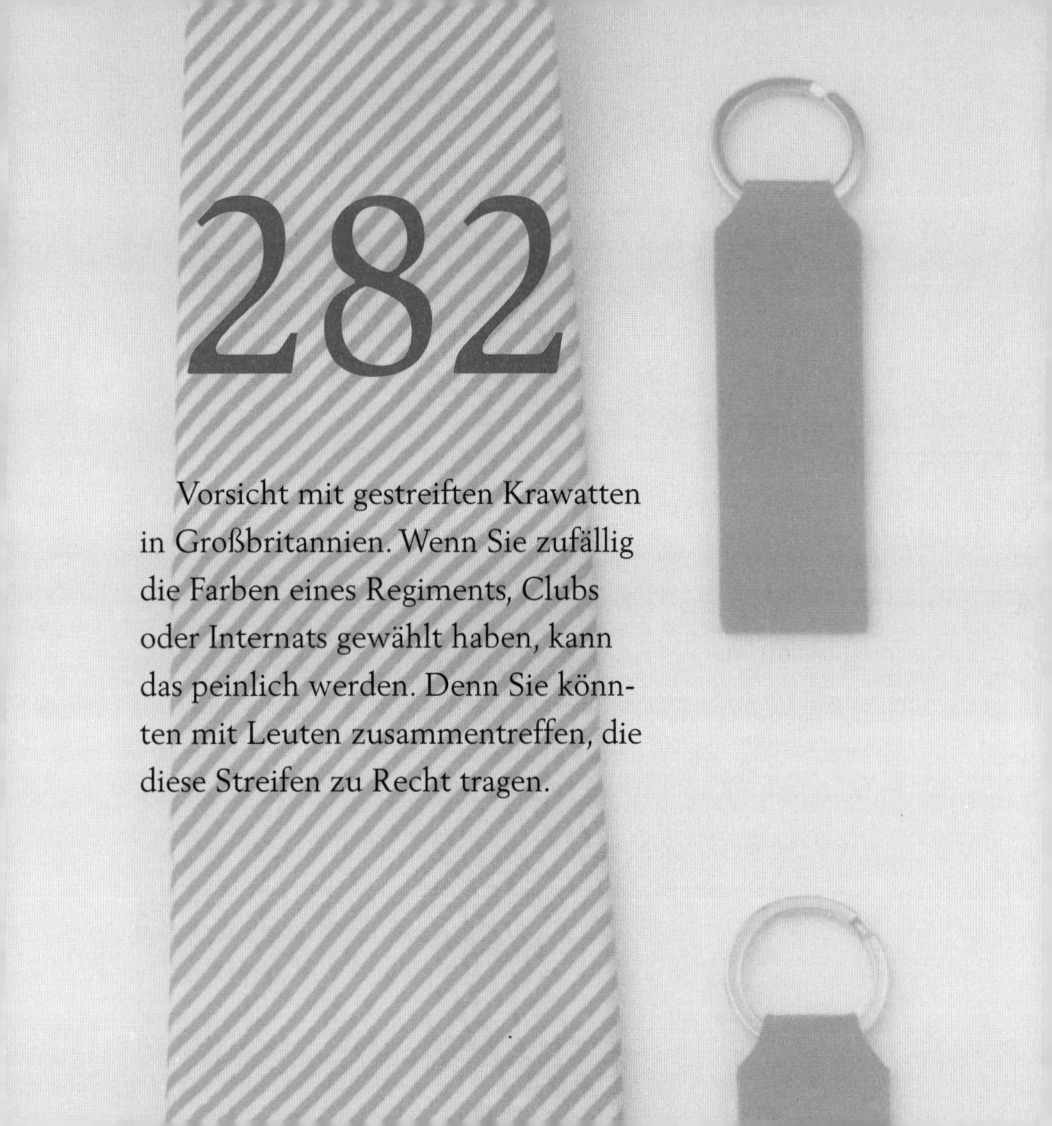

282

Vorsicht mit gestreiften Krawatten in Großbritannien. Wenn Sie zufällig die Farben eines Regiments, Clubs oder Internats gewählt haben, kann das peinlich werden. Denn Sie könnten mit Leuten zusammentreffen, die diese Streifen zu Recht tragen.

283

Auf Autoreisen müssen Sie beim Tanken Acht geben, dass kein Benzin auf Ihre Schuhe spritzt. Vor allem Rauleder kann sich dadurch völlig ver- oder entfärben. Auch auf helle Hosenstoffe sollten Sie gut aufpassen, sie reagieren nämlich ähnlich empfindlich auf verirrten Kraftstoff.

284

Wenn Sie in England beim Bootsrennen auf der Themse zuschauen wollen, tragen Sie dabei niemals eine rosa Krawatte. Die Mitglieder des ehrwürdigen Leander Clubs könnten es Ihnen übelnehmen.

285

Wenn Sie auf einem Geschäftstrip braune und schwarze Schuhe zu tragen planen, ist ein zweifarbiger Wendegürtel (eine Seite braun, die andere schwarz) ein praktischer Reisebegleiter.

Liegt ein langer Reisetag vor dem entscheidenden Geschäftstermin, sollten Sie in Mantel oder Aktentasche Ersatzkniestrümpfe mit sich führen. Das peinliche Loch in der Socke tritt immer im falschen Moment auf.

286

Immer aufgerollte Krawatten oder Strümpfe in den Halsausschnitt der Hemden stecken. Das schützt die Kragen im Gepäck vor Quetschfalten. Die vermeiden Sie aber auch dadurch, dass Sie den Koffer nicht zu sehr vollstopfen.

287

288

Wenn Ihr englischer Geschäftsfreund Sie einlädt, sich ein Cricketmatch anzusehen, dann tragen Sie bitte niemals einen gelb-orange gestreiften Binder. Der ist nämlich den Mitgliedern des Marylebone Cricket Club vorbehalten.

289

Tragen Sie niemals ein weißes Hemd oder einen hellen Baumwollanzug, wenn das Geschäftsessen in einem italienischen Restaurant stattfindet. Irgendjemand wird mit Tomatensauce spritzen, entweder Sie selbst, oder Ihr Tischnachbar.

290

Nehmen Sie auf Reisen Ihren eigenen Wecker mit. Schon so mancher Weckruf wurde von der Rezeption vergessen, häufig zum Schaden des Gastes.

291

Wenn das Tagungsgetränk beim sommerlichen Salesmeeting vor lauter Hitze gleich wieder aus den Poren tritt, hilft das gute alte Trägerunterhemd. Es saugt den Schweiß auf und verhindert feuchte Flecken an Brust und Rücken.

292

Vorsicht vor den Schuhputzmaschinen in Hotels. Sie werden meistens mit billiger Schuhcreme befüllt und die rotierenden Bürsten können empfindliches Leder beschädigen.

293

Überprüfen Sie vor jeder Reise die Schnürsenkel der Schuhe, die Sie mitnehmen wollen. Schadhafte Bänder lieber zu Hause auswechseln als am Zielort ganz ohne oder mit einem farblich unpassenden Ersatz dazustehen.

Gewusst wie, gewusst wo:

Shoppen mit Stil

Männer sind Shoppingmuffel? Und wer hält den Besuch im Autohaus für ein ausgemachtes Sonntagsvergnügen oder verbringt Stunden im Baumarkt? Unlust aufs Einkaufen stellt sich bei vielen Herren aber dann ein, wenn ein neuer Anzug fällig ist. Das muss anders werden!

294

Wenn das Sakko über dem Bauch spannt, sobald Sie es zuknöpfen, ist es in der Taille zu eng. Wenn das Problem auch bei den nächstgrößeren Jacken auftritt, könnten Sie in den letzten Monaten zugenommen haben.

295

Die Hosenweite stimmt, wenn das Beinkleid ohne Gürtel gerade eben nicht rutscht. Viel enger sollte die Hose nicht sein, sonst bekommen Sie Probleme beim Geschäftsessen.

296

Die Qualität eines Anzugs zeigt sich an der Innenverarbeitung der Hose. Je aufwändiger sie ausgeführt wurde, desto teurer darf das Ensemble sein.

Kaufen Sie niemals einen Anzug aus Synthetikmaterial, denn Naturfasern, zum Beispiel reine Schurwolle, tragen sich wesentlich angenehmer. Abgesehen davon schont das Haarkleid der Schafe die fossilen Brennstoffe.

297

298

Machen Sie vor jedem Einkauf Inventur im Schrank und legen Sie eine genaue Liste dessen an, was Sie wirklich brauchen. Nur Genies oder Asketen (die über nicht mehr als zwei Outfits verfügen) haben alle ihre Sachen im Kopf.

299

Allzu günstige Anzüge werden oft mit Synthetikstoff gefüttert. Da Ihre Haut an der Innenseite der Hose aber direkt mit der Kunstfaser in Berührung kommt, sollten Sie solche Angebote ablehnen. Sie geraten sonst garantiert ins Schwitzen.

300

Teure rahmengenähte Schuhe sollten Sie nur dort kaufen, wo Sie das gewünschte Modell in mindestens zwei Breitengrößen probieren können.

301

Wenn Sie zu Impulsiv-Käufen neigen, sollten Sie niemals ohne Bedenkzeit zuschlagen. Besser eine Nacht darüber schlafen.

302

Clevere Vielflieger kaufen Hermès-Krawatten nur in Flughafenboutiquen. Die edlen Binder kosten dort weniger und sind oft auch noch in Dessins zu haben, die es anderswo schon nicht mehr gibt.

Hosen sollten nicht nach einem opulenten Essen anprobiert werden, sonst stimmt später die Bundweite nicht. Gehen Sie deshalb frühestens zwei Stunden nach der letzten Mahlzeit auf Einkaufstour.

303

304

Gehen Sie niemals einkaufen, wenn Sie in Bestlaune sind. Sie könnten sonst aus lauter Euphorie zu viel kaufen.

305

Gehen Sie niemals einkaufen, wenn Sie deprimiert sind. Sie könnten sonst aus Frust zu viel kaufen.

306

Besser drei Paar teure Schuhe kaufen, die bei entsprechender Pflege zehn oder mehr Jahre halten, als zehn Paar, die nach nur drei Jahre verschlissen sind.

307

Wenn Sie gleich nach dem Schuhkauf kleine Metallplättchen vorne an den Ledersohlen anbringen lassen, verhindern Sie die vorzeitige Abnutzung der Schuhspitzen. Allerdings haben die Eisen den Nachteil, dass Sie sich auf Marmorböden nicht mehr anschleichen können.

308

Wenn Sie das wahre Gesicht des Verkäufers sehen wollen, müssen Sie kurz vor dem Kauf »ich überlege es mir noch einmal« sagen. Wenn er nett reagiert, sollten Sie wiederkommen.

Beim Feilschen müssen Sie schrittweise vorgehen. Erst über den Preis reden, dann über die Zahlungsmethode. Wenn der Verkäufer um 15 Prozent runtergegangen ist, gewährt er Ihnen vielleicht noch weitere vier Prozent für Barzahlung.

309

310

In Luxusläden sollten Sie sich nicht mit fünf oder zehn Prozent Nachlass zufrieden geben. In Toplagen werden 170 Prozent (oder mehr) auf den Einkaufspreis aufgeschlagen.

311

Vertrauen Sie eine komplizierte Änderung niemals einem Schneider an, der für Sie noch keine ähnlich geartete Aufgabe zufrieden stellend gelöst hat. Nach Murphy's Law werden Sie sonst garantiert eine böse Überraschung erleben (zum Beispiel eine aus unerklärlichen Gründen viel zu kurze Hose).

312

Wenn Sie Sakkoärmel kürzen lassen, müssen Sie dem Schneider genauestens beschreiben, wie Sie sich den Ärmelabschluss wünschen. Sonst kann es vorkommen, dass nach der Änderung ein Knopf zu wenig da ist.

313

Hochwertige Hosen werden ungesäumt verkauft, allerdings finden Sie meist in einer der Taschen ein ausreichend langes Stück Stoßband. Bestehen Sie darauf, dass der Änderungsschneider es auch verwendet, denn nur das Material vom Hersteller passt farblich perfekt.

314

Die Qualität eines Anzugstoffs zeigt sich spätestens am Ende eines langen Schreibtisch-Tages. Wenn die Knitterfalten nicht nach einer Nacht verschwunden sind, hat der Hersteller am Zwirn gespart.

315

Jeder kann in einem schönen Laden dem Kaufrausch verfallen. Wer Fehlkäufe vermeiden will, sollte sich lieber eine Auswahl ins Haus schicken lassen. Beim Abgleich mit den vorhandenen Stücken zeigt sich schnell der wirkliche Bedarf.

316

Wenn Sie Kleidung von der Stange kaufen, sollten Sie sich im Zweifel immer für das Teil entscheiden, das bei minimalen Änderungen am besten sitzt.

317

Auch wenn der Verkäufer Ihnen dazu rät: Lassen Sie niemals die Gesamtlänge eines Sakkos kürzen, die Taschen sind danach nicht mehr auf der richtigen Höhe und die Jacke wirkt unproportioniert.

318

Auch beim vornehmsten Schneider, Hemdenmacher oder Maßschuster können Sie handeln. Am leichtesten, wenn Sie Vorauszahlung anbieten. Denn Handwerker müssen sonst oft sehr lange auf die Begleichung ihrer Rechnungen warten.

319

Nehmen Sie zum Einkaufen einen kompetenten Berater mit, auf dessen Urteil Sie vertrauen können. Verkäufer sind nicht immer objektiv und häufig wenig motiviert, das Beste aus Ihrem Typ zu machen.

320

Seien Sie nicht zu schüchtern beim Reklamieren echter Mängel. Der Händler kann fehlerhafte Ware seinem Lieferanten zurückgeben, ihm persönlich entsteht also kein Verlust.

321

Der weiße Heftfaden in der Schulternaht teurer Sakkos dient ausschließlich der Zierde, ein Zeichen von besonderer Qualität oder gar Handarbeit ist er nicht. Dagegen ist es eine durchaus sinnvolle Übung, die Seitenschlitze zuzuheften, da so ihr unbeabsichtigtes Umknicken beim Zurückhängen der Jacke auf die Stange verhindert wird.

322

Bei gestreiften Hemden müssen die Knopflöcher entweder exakt auf einem Streifen oder genau in der Mitte zwischen zwei Streifen liegen.

Schuhgeschäfte bieten zwar oft die bessere Auswahl an Marken, doch Herrenausstatter präsentieren das Schuhwerk meistens in einem schöneren Rahmen. Zudem bekommen Sie dort auch eine bessere Vorstellung davon, wie die Schuhe zusammen mit Anzug und Hemd wirken.

323

324

Bevor Sie einen Anzug oder Mantel in die Reinigung geben, sollten Sie die Knöpfe mit Alufolie umwickeln. So verhindern Sie Beschädigungen.

Wenn Sie an Ihrem neuen Anzug zugenähte Taschen vorfinden, sollten Sie beim Öffnen ganz behutsam vorgehen. Auf keinen Fall einfach aufreißen! Auch beim Hantieren mit der Nähschere ist äußerste Vorsicht geboten, sonst beschädigen Sie das gute Stück noch vor dem ersten Tragen.

326

Wenn der Hemdkragen kneift, muss das nicht an der Größe liegen. Oft ist der Kragen einfach zu hart. Deshalb zur Sicherheit zunächst ein weicheres Modell in gleicher Größe antesten.

327

Ein brandneues Hemd darf ruhig noch einen Tick zu groß sein, denn bei den ersten Wäschen läuft der Stoff noch etwas ein. Sitzt es jedoch schon im Laden perfekt, wird der Kragen unter Umständen später zu eng sein und die Ärmel zu kurz.

328

Kaufen Sie ein Hemd nie ohne Anprobe. In guten Geschäften wird der Verkäufer das gewünschte Modell gern für Sie auspacken oder es liegen in der Umkleidekabine (blitzsaubere) Probierhemden in allen Größen bereit.

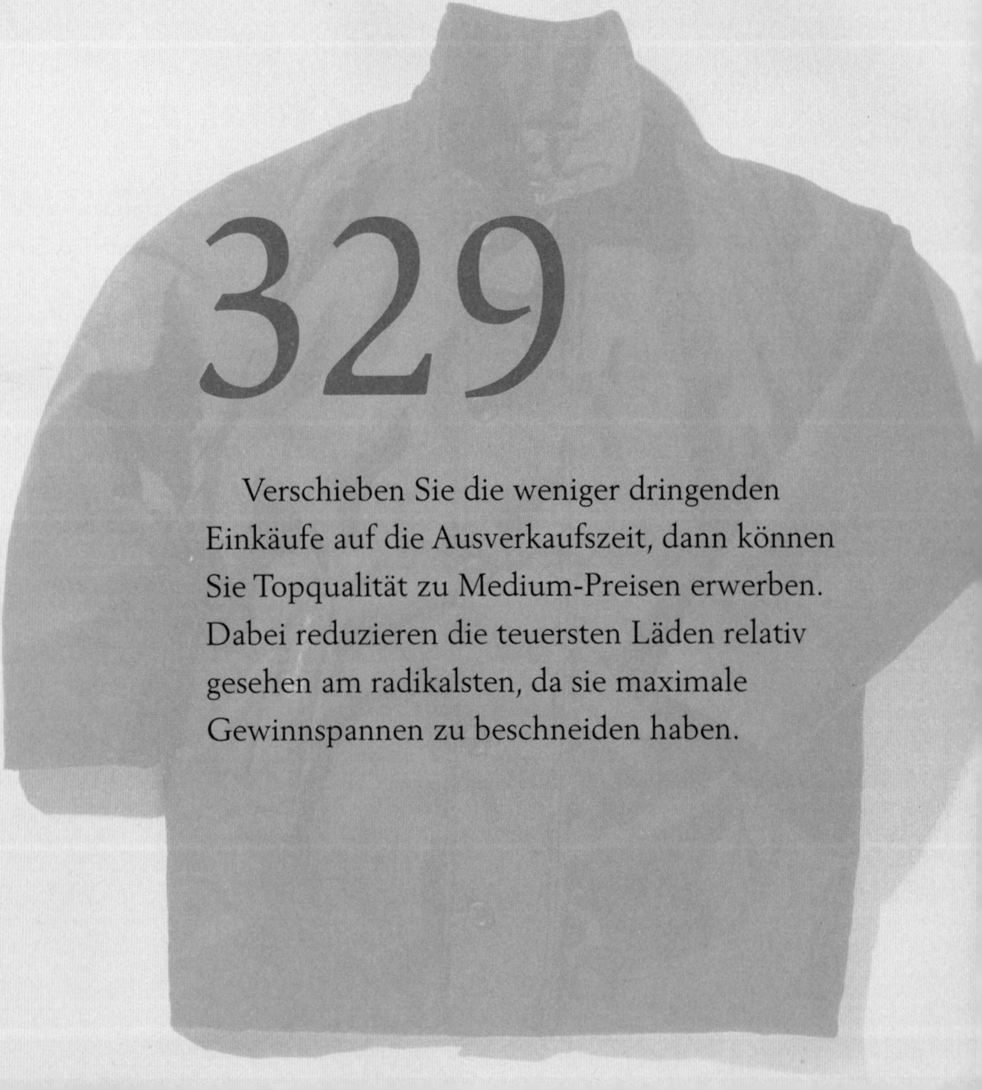

329

Verschieben Sie die weniger dringenden Einkäufe auf die Ausverkaufszeit, dann können Sie Topqualität zu Medium-Preisen erwerben. Dabei reduzieren die teuersten Läden relativ gesehen am radikalsten, da sie maximale Gewinnspannen zu beschneiden haben.

330

Vorsicht beim Einkaufen im Ausland: In manchen Ländern taucht die Mehrwertsteuer erst auf dem Kassenbon auf! Von falsch umgerechneten Wechselkursen droht zumindest innerhalb Europas seit der Einführung des Euros keine Gefahr mehr.

331

Reklamieren nicht vergessen! Hemden dürfen nicht nach zehn Wäschen zwei Nummern zu klein geworden sein, Schuhsohlen sollten sich nicht nach kurzer Zeit lösen und Nähte müssen länger als drei Wochen halten.

332

Zum Krawattenkauf immer die Kleidungsstücke, für die der Binder gedacht ist, mitnehmen (also Hemd und Anzug oder Hemd und Sakko). Oder können Sie aus dem Gedächtnis Farben und Muster passend aussuchen?

333

Verschenken Sie statt Kleidungsstücken lieber Geld oder Gutscheine. Es ist fast unmöglich, etwas wirklich Passendes für jemand anderes zu finden. Zudem ist es ein Eingriff in die Persönlichkeit des zu Beschenkenden, wenn man über seine Kleidung bestimmen will, ob nun aus guter Absicht oder nicht.

334

Besser in die Ferne schweifen! Wer in einer Shoppingwüste lebt, dafür aber in Grenznähe, sollte Einkaufstouren ins Nachbarland unternehmen. Außerdem ist es interessant und lehrreich, sich einmal anzuschauen, was die Herrenausstatter in den Städten jenseits des Schlagbaums zu bieten haben.

Viele US-Produkte sind in ihrem Heimatland wesentlich günstiger als in Europa. Bestes Beispiel sind Blue Jeans. Aber: Wenn Sie Flug und Übernachtung dazurechnen, ist der höhere Preis, den Sie in der Alten Welt zahlen müssen, meist immer noch günstiger.

335

336

Bevor Sie im Ausverkauf zuschlagen, sollten Sie sich folgende Frage stellen: Gefällt mir das Teil so gut, dass ich es auch zu seinem regulären Preis kaufen würde, oder lockt mich nur die Tatsache, dass es so stark herabgesetzt ist.

In Italien können Sie abseits der Touristenpfade Kleidung immer noch recht günstig kaufen. Am preiswertesten shoppen Sie jedoch im Süden des Landes. Selbst international vertriebene Marken werden zum Beispiel in Neapel zu äußerst attraktiven Preisen angeboten.

337

338

Bei Kleidung gilt der Grundsatz: Je höher die Qualität, desto höher der Preis. Umgekehrt trifft dies allerdings nicht immer zu, denn Designerkleidung bietet oftmals zu wenig Qualität fürs viele Geld.

339

Imitationen von Luxusartikeln oder Schmuck sind nicht nur geschmacklos, sie schädigen auch die Hersteller des Originals. Wenn schon Vuitton, Gucci oder Rolex, dann bitte »the real thing«.

340

Bei Kleidung und Accessoires gibt es drei Arten von Anbietern: Erstens die Hersteller, die ihr Produkt selbst vertreiben. Zweitens die Designer, die ihre Entwürfe irgendwo fertigen lassen. Und drittens die Einzelhändler, die Fremdware unter ihrem Label verkaufen. Das beste Preis-Leistungsverhältnis bietet in der Regel die Kleidung vom Hersteller.

Factory Outlets lohnen sich für zeitlose und klassische Marken, Designerstücke der vorletzten Saison sind dagegen weniger interessant.

341

342

Wenn Sie beim Anzugkauf ständig mit gravierenden Passformproblemen zu kämpfen haben, sollten Sie es mit Maßkleidung versuchen. Damit haben Sie eine gute Chance, sich die aufwändigen Änderungen zu sparen.

343

Der Preis von Kleidung setzt sich aus drei Faktoren zusammen: Materialkosten, Herstellungskosten und Gewinnspannen. Bei aufwändig gearbeiteten Produkten, beispielsweise handgenähten Anzügen, Schuhen oder Krawatten, machen schon die ersten beiden Faktoren den hohen Preis aus. Bei Designerstücken zahlen Sie dagegen oftmals vor allem für das Label.

344

Kaufen Sie am besten nur bei Ausstattern, die ein eigenes Änderungsatelier unterhalten. Im Fall einer fehlerhaften Änderung können Sie dann nämlich die Restzahlung des Kaufpreises so lange verweigern, bis alles stimmt (außer Sie haben unvernünftigerweise den kompletten Preis im Voraus entrichtet).

Probieren Sie das Kleidungsstück nach jeder Änderung sofort an. Wenn Ihnen erst kurz vor dem Einsatz der neuen Hose auffällt, dass die Länge nicht stimmt, ist es zu spät.

345

346

Gehen Sie nie kurz vor Geschäftsschluss einkaufen. Nur wenn Sie sich und dem Verkäufer genügend Zeit geben, kann das Richtige gefunden werden. Merke: Je später der Abend, desto geringer das Interesse des Beraters an Ihrem Aussehen.

Auch Krawatten sollten Sie vor dem Kauf anprobieren. Nur so merken Sie, ob Sie mit dem Gewebe und der Breite des Binders zurechtkommen.

347

348

Neue Schuhe sollten Sie zuerst nur auf dem Teppichboden Ihrer Wohnung eintragen, denn solange keine Kratzer auf der Sohle zu sehen sind, haben Sie noch die Chance zum Umtausch.

Ein Schnürschuh darf über dem Spann nicht zu weit ausfallen. Die Schnürung sollte immer noch ein bisschen aufklaffen, wenn Sie den Schuh zugebunden haben.

349

350

Clevere Shopper bewahren nach dem Kürzen einer Anzughose den abgeschnittenen Stoff auf und nehmen ihn mit auf den nächsten Einkaufsbummel. So lassen sich die Farben von Hemd und Krawatte perfekt abstimmen.

351

Die meisten Männer lassen bei ihren Hosen nur Bundweite und Länge ändern, vernachlässigen aber die Fußweite. Das ist ein Fehler, denn wenn die Hose am unteren Ende zu weit ist, verkürzt das optisch Bein und Schuh. Die Fußweite sollte maximal zwei Drittel der Schuhlänge betragen.

352

Der Umschlag einer Anzughose darf nicht zu schmal ausfallen. Von modischen Schwankungen abgesehen, sollte er bei einem 1,80 Meter großen Mann fünf Zentimeter breit sein.

Die schönsten Zitate zum Thema

Was ist der Unterschied zwischen einem Promi und unsereinem? Wenn wir was sagen, ist das nur ein Spruch, wenn der VIP sich äußert, ist es ein Zitat. Allerdings nur, wenn irgendjemand die weisen Worte aufgezeichnet hat. Bei den Meinungen zum Thema Mode und Stil, die wir hier für Sie zusammengestellt haben, hat sich das auf jeden Fall gelohnt.

353

Sie kriegen niemals eine zweite Chance, einen ersten Eindruck zu machen. *(Amerikanische Redensart)*

354

Echte Eleganz hat nur eine Regel: Schlichtheit.

(Luciano Barbera, Webereibesitzer und Designer)

355

Mode ist vergänglich, Stil niemals.

(Coco Chanel, Modedesignerin)

Die internationale Herrenkleidung verdankt den Deutschen den Begriff »dunkler Anzug«, der alles beinhaltet, worauf ein Gentleman achten sollte.

(Sir Hardy Amies, Couturier)

356

Gute Kleidung öffnet alle Türen. *(Thomas Fuller, Regisseur)*

357

358

Die Wahl meiner Kleidung würde ich ebenso wenig an jemanden anders delegieren, wie ich es dem größten Architekten erlauben würde, über das Bett zu entscheiden, in dem ich schlafe.

(Nino Cerruti, Modedesigner)

359

Ich mag Sachen, die so lange halten,
dass ich sie mein Leben lang tragen kann.
(Luca Cordero di Montezemolo, Manager)

360

Ich habe eine Aversion gegen Dinge, die zu teuer sind.

(Sergio Loro Piana, Stofffabrikant und Designer)

361

Ich sehe die Mode als ein Mittel, sich selbst zu gestalten.

(Ettore Sottsass, Architekt und Designer)

Das weiße T-Shirt ist vielleicht die großartigste Erfindung in der Kleidung des zwanzigsten Jahrhunderts.

(Oliviero Toscani, Fotograf)

362

363

Ich werfe einen neuen Anzug ein paar Mal gegen die Wand, damit er nicht mehr so steif ist.

(Fred Astaire, Tänzer und Schauspieler)

364

Es gibt nichts besseres als eine
schöne, bequeme Baseballmütze.

(LL COOL J, Hip-Hop-Künstler)

365

Ich glaube, dass die Kleidung eines Mannes seine Persönlichkeit ergänzen sollte, nicht ersetzen.

(Jesse Jackson, Bürgerrechtler und Politiker)

Abbildungen:

Asprey & Garrard Ltd, England (339), J. Barbour & Sons Ltd., England (119), Bass & Co., England (68), Belvest S.p.A., Italy (30, 38, 126, 140, 148, 191, 255), Bogner Leather, Germany (208), D'Avenza, Italy (197), Eduard Dressler, Germany (1), Edward Green, England (63, 76, 145, 348), Ermenegildo Zegna, Italy (11, 104, 167, 262, 353), Etienne Aigner AG, Germany (222), Henri Lloyd, England (329), Ignations Joseph Shirts, Germany (19), James Lock & Co., England (133), John Comfort Ltd, England (51), JOOP! GmbH, Germany (282), Louis Vuitton, France (269), Montblanc Deutschland GmbH (203, 230), Officine Panerai, Italy (290), Regent, Germany (175, 215), Tod's, Italy (85)